JN213444

深読みNow 15

戦争と美術

戦後80年、若者たちに伝えたい

安斎　育郎
窪島誠一郎
佐喜眞道夫

かもがわ出版

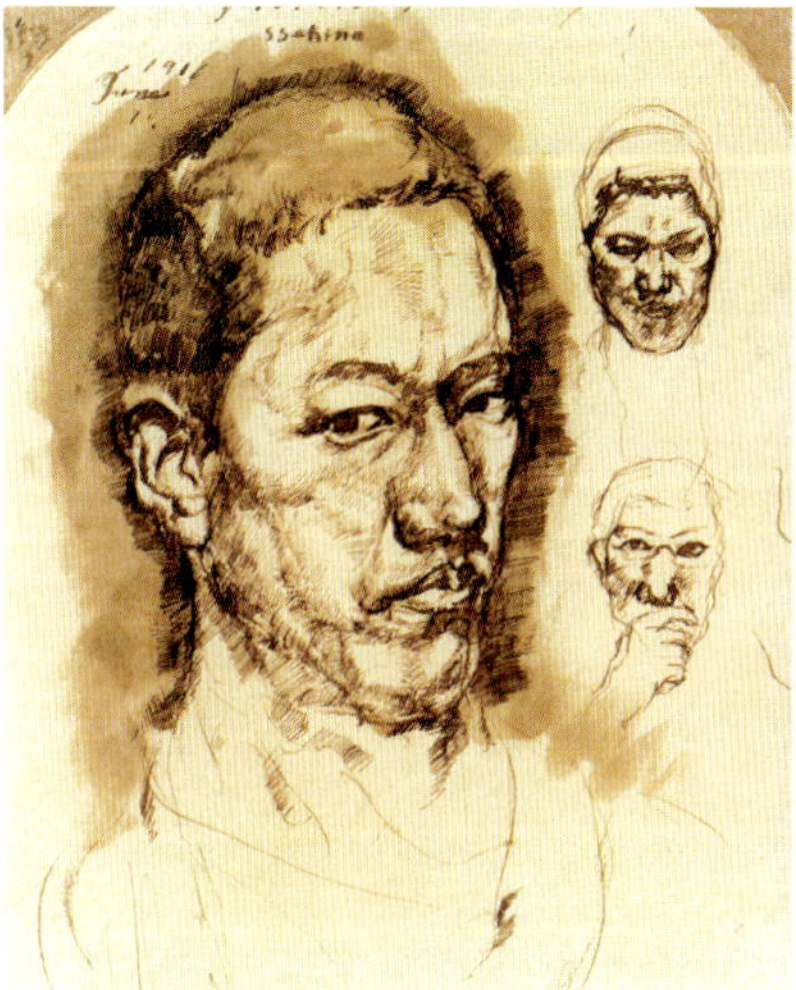

＜左上＞ 村山槐多「稲生像」（長野県立美術館蔵、信濃デッサン館コレクション）
＜右上＞ 久保克彦「自画像」（無言館蔵）
＜左下＞ 関根正二「自画像」（長野県立美術館蔵、信濃デッサン館コレクション）
＜右下＞ 野末恒三「自画像」（無言館蔵）

＜左上＞《沖縄戦の図》部分—炎のなか逃げる住民
＜右上＞《沖縄戦の図》部分—集団自決
＜左下＞《沖縄戦の図》部分—子どもたち
＜右下＞《沖縄の図》部分—久米島の虐殺・母子

（いずれも丸木位里・丸木俊作）
（佐喜眞美術館蔵）

＜上＞ 小早川秋聲「國之楯」（京都霊山護国神社所蔵、日南町美術館展示）
＜下＞ 藤田嗣治「アッツ島玉砕」（東京国立近代美術館保管）

戦争と美術

——戦後80年、若者たちに伝えたい

まえがき（安斎育郎）

この本の共著者は、窪島誠一郎（戦没画学生慰霊美術館無言館館主／長野県上田市）、佐喜眞道夫（佐喜眞美術館館長／沖縄県宜野湾市）、そして、安斎育郎（立命館大学国際平和ミュージアム終身名誉館長／京都府京都市、ヒロシマ・ナガサキ・ビキニ・フクシマ伝言館館長／福島県楢葉町）の3人です。共通項は、3人とも美術館・博物館の運営に当たっていることです。そう頻回に顔を合わせることもないのですが、それでもお互い「なんとなく親友」という感じです。

無言館は、画家の野見山暁治さんと現館主の窪島誠一郎さんが戦没画学生の作品を収集して1997年に開館した美術館です。戦場体験のある野見山さんは、自分が生還したことにある種の「負い目」を感じていましたが、それを戦場で命を落とし、画家になる夢を断たれた戦没画学生たちの遺作を収集・展示する事業を推進するエネルギーに変え、窪島誠一郎というベスト・マッチングとも言うべき相棒とともに、この類まれな美術館を成就しました。無言館には本館に加えて第2展示館（傷ついた画布のドーム）があり、「記憶のパレット」、「絵筆の碑」、「開かないポスト」など、窪島誠一郎館主の思いが込められた付属のモニュメントもあります。無言館に展示されている絵は、プロフェッショナルな画家の作品ではありません。しかし、戦時下の画学生たちが寸刻を惜しんで絵筆を振るって家族や恋人や古里の情景を描いた作品には、その後の不本意な戦病死に至る短い人生の軌跡とともに、一つ一つの物語があります。この本では、窪島誠一郎館主が、戦没画学生の遺作が発しているメッセージについて語ります。

※なお、無言館は2024年に学校法人立命館との提携関係を結び、内田也哉子さんを共同館主に迎えて新たな一歩を踏み出しました。

佐喜眞美術館は、半世紀にわたって絵画のコレクションに取り組んできた佐喜眞道夫が1994年に沖縄県宜野湾市の普天間基地際に開設した美術館で、画家の丸木位里・俊夫妻から託された『沖縄戦の図』をはじめ、ケーテ・コルヴィッツ、ジョルジュ・ルオー、上野誠、浜田知明などの作品を展示しています。普天間基地に食い込むように建てられた美術館の屋上からは、海と基地の一角を望むことができます。また、1945年6月23日に沖縄戦の組織的戦闘が終結したことを記念する「慰霊の日」にちなみ、屋上に通じる6段と23段の階段には、慰霊の日の夕陽が窓に差し込んで階段と一直線になるように設計されています。丸木夫妻と知己を結び、夫妻から『沖縄戦の図』を託されたときには「背筋に電気が走った」という佐喜眞道夫館長は、今も、全国から訪れる若い学生・生徒を含む来館者に、「生と死」「苦悩と救済」「人間と戦争」について熱く語りかけ、学芸員の上間かな恵さんともどもアートのもつ発信力をアピールしています。

立命館大学国際平和ミュージアムは、「平和と民主主義」を教学理念とする立命館大学が、1980年代以来「京都の平和のための戦争展」運動に取り組んできた市民と共同で1992年に開設した平和博物館です。安斎育郎名誉館長は1988年から設立過程に関わり、その後館長・名誉館長を務めつつ、日本平和博物館会議、「平和のための博物館国際ネットワーク」(INMP)、「平和のための博物館市民ネットワーク」の立ち上げに携わりました。原子力工学を専門とする科学者として福島原発問題に1973年から取り組んできた経緯もあり、東日本大震災に伴う福島原発の被災者支援活動の一環として2001年3月11日に福島県楢葉町の浄土宗の古刹・宝鏡寺境内に、故・早川篤雄第30世住職とともに「ヒロシマ・ナガサキ・ビキニ・フクシマ伝言館」を開設し、現在その館長を務めています。この本では、かねて関心をもつ「科学と価値」の問題の角度から、ピカソや藤田嗣治の戦争画について論じます。

ピカソに『3人の音楽師』という作品がありますが、この本はそれに似ています。果たして

「不協和な協和音」を皆さんがどう聞いてくれるでしょうか。

本書の出版に際し、著者らを忍耐強く督励してくれたかもがわ出版の三井隆典さんに心より感謝します。

２０２５年３月

戦争と美術——戦後80年、若者たちに伝えたい◆もくじ

第II部　アートで平和をつくる（佐喜眞道夫）——67

第III部　戦争画のメッセージを感じ尽くそう（安斎育郎）——111

第Ⅰ部

芸術は人間への愛

（窪島誠一郎）

戦没画学生慰霊美術館「無言館」、本館の他に
第２展示館（傷ついた画布のドーム）がある

■美術との出会い、二つの原体験

ぼくと絵との出会いといいますか、絵を描く作業との出会いと言っていいかもしれませんが、美術との触れ合いがいつ始まったか、ということから始めたいと思います。今思えば、ぼく自身の青春、ちょうど一番多感な時期であり、一番いろんなものを吸収しやすい年齢のとき、絵というものの力と出会ったわけです。その象徴的な存在が、大正8（1919）年2月20日に22歳5ヶ月で亡くなった村山槐多《かいた》でした。

今から約100年も前のこと、つい先ごろまで我々は新型コロナに苦しめられていましたが、その当時もスペイン風邪と呼ばれる流行性感冒のパンデミックが起こり、多くの人々が亡くなりました。その中に類いまれなる才能を持った、村山槐多という若い絵描きがいた。ぼくがその名前を初めて知ったのは、17歳と8ヶ月のときで、東京新宿の高等学校に通っていた頃でした。東京渋谷の、現在の国道246号線沿いですが、若者たちが蝟集《いしゅう》する繁華街に、「東亜」という女性の服地を扱う生地屋さんがあって、ぼくはそこの店員として勤めていました。高校を出た後、アルバイトをいくつも転々としたあと、その東亜さんに約3年間ほどお世話になったのです。

その東亜の近く、今では大変おしゃれなファッションビルに中村書店という古書店がありました。ぼくは、東亜の店員をしながら、昼休みなどにその中村書店に随分足を運んでいたのですが、そこの店頭で一冊の画集と出会うわけです。村山槐多が亡くなった翌々年の大正10（1921）年に、山崎省三や山本鼎といった美術家たちの尽力によって、アルスという出版社から出版されていた『槐多画集』でした。

当時17歳といえば、誰しも将来の夢に取りつかれる世代であり、ぼくも絵描きになりたい、詩人になりたい、物書きになりたいと、一人前の夢を持っていた頃でしたが、その『槐多画集』をめくってびっくりしました。

それまで、ぼくにとっての美術、芸術というものは、「美であらねばならない」「美しくあらねばならない」と思い込んでいました。例えば、図書館の棚にある、ルノアール然り、アングル然り、バルビゾンのミレー然り、美しい風景や女性の身体を描いた絵が芸術であると、決めつけていたわけです。ところが、この村山槐多の画集の1ページ目を広げた瞬間、胸ぐらをつかまれたようなショックを受けました。ご存じかもしれませんが、同じ大正8年に槐多より2歳若く20歳で亡くなった関根正二という絵描きがおりましたが、村山槐多はこの関根正二と並んで、大正期の生んだ天才画家の一人と言われていた画家でした。ぼくはこの一冊の画集との出会いによって、それまで考えていた「美」そのものの概念をひっくり返されたのです。

まず、その色彩です。槐多自身はガランスと呼んでいましたが、漢字で書くと深紅色でしょうか。バーミリオンほど明るくなく、血の色ほど濃くはなく、そこにウルトラマリンが一滴、藍色が一滴混じったような、何ともいえぬ深い深い赤なのです。彼は『一本のガランス』という有名な詩を残しています。

一本のガランスをつくせよ
空もガランスに塗れ
木もガランスに描け
草もガランスにかけ
魔羅をもガランスにて描き奉れ
神をもガランスにて描き奉れ
ためらふな、恥ぢるな
まつすぐにゆけ
汝の貧乏を
一本のガランスにて塗りかくせ

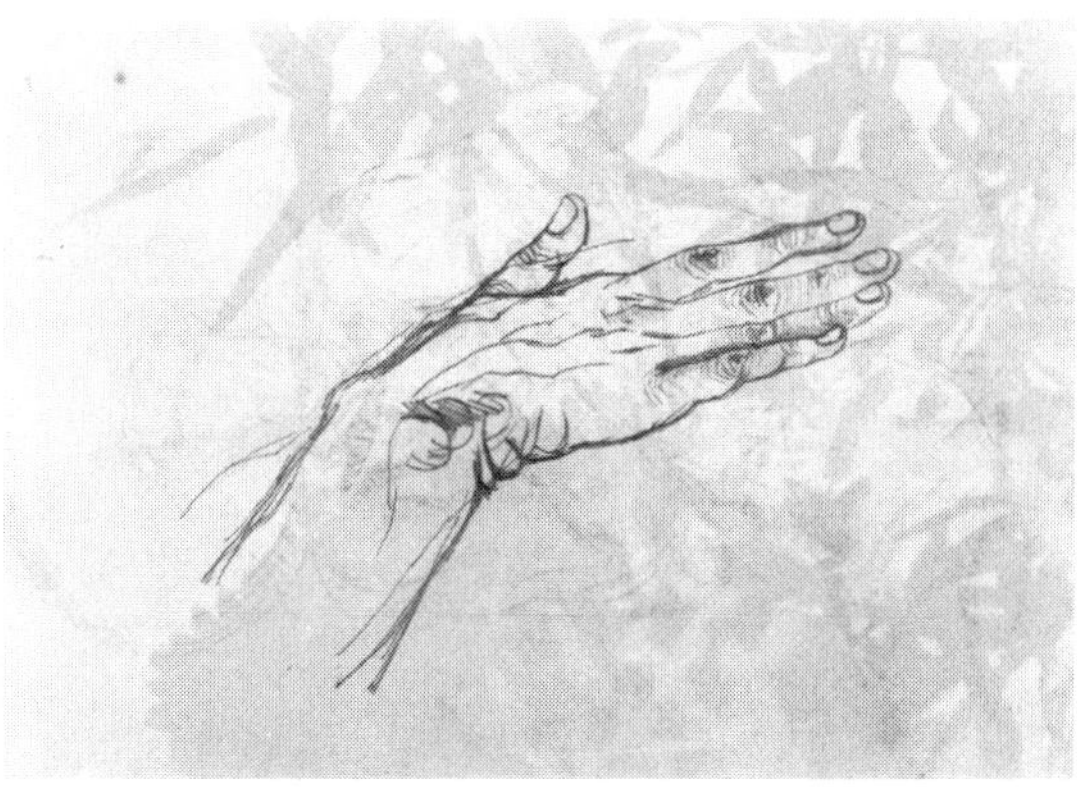

村山槐多「手」デッサン
（信濃デッサン館〈現・残照館〉蔵）

17歳8ヶ月の窪島少年にとってそれは、かなりショックな「美」との出会いであり、衝撃的な「生」との出会いでもありました。こういう絵描きもいたのだという、何か新しい芸術との遭遇であり、画家というより、人間村山槐多との初対峙だったといったほうがよかったかも知れません。森鴎外に自らの性欲的体験について綴った『ヰタ・セクスアリス』という小説がありますが、ちょうどそれを読んだときのショックにも似た感銘を受けたわけです。この画集をめくって、ぼくの美というものへの感覚がまったく変わりました。

例えば、女性の乳房が、真っ赤なガランスで、うねるようなタッチで描かれている。次のページをめくると、裸のお坊さんがおしっこをしている絵です。よく駅前などでお坊さんが、浄財を頂くために抱いている大切な托鉢に向かって、おちんちんからほとばしるように放尿をしているのです。それはまさしく、背徳の絵であり、何かに対する抵抗の表現のように思われました。尚かつその全裸のお坊さんは、どう見ても村山槐多自身なのです。のちにぼくは、大岡昇平先生という近代文学に巨跡をのこした作家にこの絵を見ていただいたときに、「これは変身自画像だ」と言われたことを忘れられません。昇平先生がそうおっしゃった通り、まさしくそれは、槐多自身の肖像画でもあったのです。

このアルス社の画集の最後のページの奥付の上には、彼の略歴が書かれていました。そこには、「1919（大正8）年2月20日未明、肺結核（スペイン風邪）にて死去。享年22歳5ヶ月」

とあるのです。なんと計算してみたら、自分の年齢と5つしか違わないじゃないですか。ぼくはあの頃は、恥ずかしながら、「若ければ死なない」と思っていた節があった。ニキビだらけで、高等学校に通っていたナヨナヨ男、テストはいつもビリケツに近い男でした。家へ帰れば、靴の修理屋をしている育ての親との、オンボロ3畳間しか待っていません。前途に何の希望もないそんな男の胸に、「ああ、こういう生き方もあるんだ」、「人間は若くても死ぬものなんだ」ということを教えてくれたのが、この『槐多画集』との出会いだったのです。

それがそもそも、ぼくが現在営んでいる、戦没画学生慰霊美術館無言館の生みの親となる美術館「信濃デッサン館」をつくる潜在的なきっかけとなったのですが、民間の一市井人でしかなかったぼくは、村山槐多が17、18歳頃に彷徨《ほうこう》を重ねた信州上田の地に、彼の絵を探す旅に出て、槐多をはじめとする、病や自死によって若くして亡くなった画家たちのコレクション、同時にかれらの作品を展示する美術館づくりに打ち込みはじめるわけです。当時ぼくは、33歳数ヶ月の若者でした。大げさに言えば、美への旅立ち、芸術への旅立ちを促してくれたのは村山槐多だったな、ということをあらためて今ふり返っているわけです。

■それは小さな飲み屋から始まった

ぼくは昭和38（1963）年11月15日に、東京の世田谷明大前で小さな飲み屋を開業します。まだ22歳のときでした。時あたかも、翌昭和39年には東京オリンピックというスポーツの大祭典が開かれるという、わが国が戦後の焼け野原から立ち直ろうとする、正体不明のエネルギーに満ち満ちていた時代といってよかったでしょう。

たまたまぼくは運に恵まれ、開業した水商売が大当たりしました。やがて、東京オリンピックのために、甲州街道が拡張されます。明治大学の和泉校舎の校門に繋がっていた幅5、6メートルの道が、あっという間に20メートル近い大きな通りに成り代わりました。義父の窪島茂は体が弱くて、明治大学の校門の前で体をかがめて靴を磨く修理業はもう限界に近付いていました。その家が立ち退きとなり、400万円の補償金が国から支給されました。ぼくはそのお金を使って、隣にあった小さな時計屋さんや学生服の洋服店を合わせて、10坪に満たない小さな土地を買うことができ、そこで飲み屋を開いたことが、大きな転機をもたらしたのです。

それから僅か4、5年で、世田谷の住宅地に家を建て、5万円でクラウンエイトという弁当箱みたいなトヨタの中古車を買いました。結婚もし、子どももできました。簡単な言い方をしますと、戦後わずか10年ぐらいして訪れた高度経済成長期の真っただ中、その最終列車に飛び乗ったという感じなのでした。小酒場が当たりにあたり、支店を4軒も出しましたが、いずれも小田急線沿線の豪徳寺、玉川学園、相模大野、藤沢の柳小路という土地でした。支店といいましても、カウンターだけの7、8人のお客が入れば一杯という小さな店でしたけどね。

そうした水商売生活の中で、ぼくにはもう一つ、忘れることのできない村山槐多の画集との出会いと匹敵するような、美術との出会いがあったのです。昭和30年代の初め頃でしたか、鎌倉の鶴岡八幡宮近くに神奈川県立近代美術館が産声を上げました。当時、「近代」という言葉はそれほど広く使われていませんでしたから、その名を冠したという意味では、嚆矢《こうし》だったのではないかと思います。その鎌倉近代美術館に、何店めかにひらいた藤沢の飲み屋への行き帰りに立ち寄るのが楽しみになってきました。

その美術館の2代目の館長さんで土方定一さんという方がおられました。最初の展覧会はその土方先生の企画で、記憶に間違いがなければ、「20世紀日本近代美術の流れ展」だったと思います。この展覧会で、松本竣介、靉光《あいみつ》（本名石村日郎）、野田英夫など、今まで聞いたことのない絵描きの作品と出会うのです。

そして、そこで初めて、ああ、自分が今まで図書館で見ていた美術全集や、そこに載っていた絵描きとは違う、社会の裏側でのたうつように貧乏とたたかい、絵を描きたいという欲求にさいなまれた画家たちがたくさんいたんだ。時あたかも戦時下、すぐそこまで軍靴の音が響いてきている時代に、こうした絵描きたちが絵筆を握っていたんだ、ということに気づかされたのです。ぼくにとってみれば、17歳8ヶ月で、中村書店で『槐多画集』を手に取ったのに匹敵するほどの体験でもありました。

鎌倉近代美術館は、白い洋館風の建物で、当時は「かまきん」という愛称で呼ばれていました。源頼朝の命によりつくられたという鶴岡八幡宮の源平池を隔てて、「ぎんなん」という小さな喫茶店があって、そこでカレーライスを食べながら、2つ折りのわら半紙に刷り込まれた質素なカタログに読みふけったものです。当時は今のような豊かな時代ではありませんでしたから、土方先生の企画した展覧会であっても、今のような何千円もする天然色カラーの立派なカタログや画集など手に入りませんでしたから。

それから、立て続けに開かれた、土方定一先生企画の関根正二と靉光展、これも良かったです。パウル・クレー展では、本物のパウル・クレーに初めて出会えました。また、そうした美術作品だけでなく、美術評論家の酒井忠康さんをはじめ、当時「かまきん」の学芸員をつとめていた水沢勉さんや青木繁さんなどを知り、美術館の活動の裏側には隠れた人たちがたくさんいることを知ります。鎌倉近代美術館で学んだことは、その後のぼくの大きな財産となって、心の中に今も生きつづけることになるのです。

ここで強調したいのは、松本竣介、野田英夫という名も知れぬ夭折画家たちを発見したことによって、なぜぼくはああまで舞い上がったかということです。それは、自分が生まれて生きた時代と重なるからです。数年前から日中戦争がくすぶり始めていましたが、ぼくが生まれた昭和16（1941）年の3週間後にパールハーバー、真珠湾攻撃が始まり、太平洋戦争が開戦します。そうした開戦の年に生まれたものの、もちろんぼくは赤ん坊でしたから戦争の記憶などありはしません。

先ほど述べましたように、ぼくには出自に多少ふくざつな事情があって、明治大学の校門の前で靴の修理屋をやっていた窪島茂、はつという夫婦に、2歳と9日で実子としてもらい受けられて育てられた子でした。当時は自分を捨てた両親を恨んでいましたが、それは戦争という時代背景があってのことなのであり、あの戦争さえなければきっと生みの親と別れることなどもなかったでしょう。

そして一家は、昭和19（1944）年から、先に東日本大震災を被った宮城県石巻に疎開しました。その間に東京の世田谷は5月25日の東京空襲で焼け出され、おそらく疎開していなければ私たち親子3人も戦災死したであろうと、いつも親が言っていました。そういう紙一重のところを、ぼくは運よく親に抱かれて、防空壕に寝床を与えられて過ごしていたのです。その後、地を這うような生活の中で必死に生きぬいた育ての親は、都立高校を落ちてしまった劣等生のぼくを、第2次募集していた学費の高い私立高校にまで行かせてくれました。

松本竣介にしても、靉光にしても、描かれている絵をちゃんと理解できたのか、芸術としてわかっていたのかといえば、それは定かではありません。ただ言えることは、親たちが味わった戦争の記憶や、そうした暗い過去を遠くへ押しやろうとしていた自分の記憶とが夭折画家たちの絵に重ね合わされ、強い吸引力でその世界に引っ張り込まれたということはたしかではないかと思います。

松本竣介に、昭和17(1942)年に描かれた『議事堂のある風景』という油彩画が岩手県立美術館にありますが、議事堂の前の道を荷車を引いて歩く男が描かれています。また同じ竣介に、『画家の像』という有名な絵が宮城県美術館にあります。静まり返った街に両足を踏ん張って立つ自画像が、禎子夫人と子どもと共に描かれている大作です。どこにそうした時代の匂いがあるのかはわかりませんが、これは昭和16、7年、ぼくが親に抱かれて防空壕に寝かしつけられていた頃に描かれた絵なのです。それが、かっこよく言えば、ぼくをこっちへおいでと呼んでくれたのにちがいないのです。

いずれにせよ、17歳のときに古本屋で買った一冊の『槐多画集』、何年かして出会った鎌倉近代美術館における日本近代美術の展覧会の二つが、ぼくにとってかけがえのない美との出会いの原体験になったことはたしかでした。

■絵とは何かを語った評論家・坂崎乙郎

ぼくは、当時から美術論とか美術批評とかいったものに、それほど興味・関心を示すほうではありませんでしたが、座右の銘と言っていいほど影響を与えられた敬愛する評論家に、坂崎乙郎先生という方がいらっしゃいます。たしか50歳代で夭折されましたが、早稲田大学の教授をなさっている頃お書きになった『絵とは何か』（河出書房新社）という本の中に、印象深い言葉があります。それは、「絵とは所詮、物質である」というのです。板に描いたり、紙に描いたり、厚手のボール紙に描いたり、麻布でできたキャンバスに描いたり、いずれにせよ物質であり物である、というのです。

しかし、絵を描く人間、画家には、物質を描いているという意識はない。彼らは海を描くにしても、川や山を描くにしても、あるいは人間を描くにしても、そこには自分の思いを描いているのだ。一つのものをつくり上げる創造、イマジネーションとしての想像力をそこに展開していく作業であって、けっして彼らは、一個の物を仕上げようと思って描いているわけではない。同時に大切なことは、それを見る我々、鑑賞者側も、決して物質を見ているというのではなく、描かれた世界を見ている。音楽とか文学など、表現者の表現方法は多々あるけれども、絵描きほど、絵というものに、自分の二つのソウゾウ性、クリエイティブの創造とイマジネーションの想像を展開していくという意味において、特殊な存在はありません。そして、鑑賞者がその絵を見て何を感じるかといえば、知識でもなければ技術でもなく、一つの感覚である、というのです。

この、「絵は、それを描いた人間と観る人間とが交わす感覚のやり取りである」という言葉は、坂崎先生のおっしゃった中で一番強烈な言葉だと思います。絵というものは、そういうものなのだということですね。

後に、これは坂崎先生のご本だったか他の方のご本だったか忘れましたが、「絵というのは、見ると同時に読むという行為でもある」「絵に描かれた世界や感覚を読むのである」という言葉にも出会いました。ぼくはその言葉にも、深い示唆を与えられました。それはどういうことかといいますと、松本竣介や靉光の絵は、ある意味日本の美術史の裏側にいた人間が描いたものです。少なくとも、ヨーロッパに渡ってパリで勉強し、サロン風の裸婦を描いていた、岡鹿之助さんや梅原龍三郎さんといった人たちの絵とは違うのではないかと思います。簡単に言うと、日本という母国語を使って自分を表現しようとした一群の画家たちであり、その絵を観たときに、まさしく坂崎さんがおっしゃったような感覚のやり取りが理解できたのです。

つまり、絵が上手に描かれているとか、色彩がきれいだとかいうこと以上に、その絵を描いている人間と物としての絵との間にある感覚の共有が大事なのだと。遅ればせながら、一鑑賞者である自分も、そこで初めてその感覚の仲間入りができたという気がするのです。

先ほど述べた、昭和16年に描かれた松本竣介『画家の像』という絵を観ても、自画像らしい青年が大きな絵の真ん中にすっくと立って、それを奥さんがきれいな横顔を見せて竣介の背中を斜めから見ています。遠くには、廃墟のような家々の三角屋根が連なり、どんよりとした曇天下に壊れた煙突が見えます。あの風景は、まさしくぼくが生まれた昭和16（1941）年という、あの忌まわしい開戦の年の空気を漂わせているのです。ぼくはこの絵を鑑賞することによって初めて、これまで眠っていた自分の記憶を呼び起こされるという経験を味わうことができたわけです。

あの戦時下という時代そのものが、日本という国の大きなエポックだった。昭和という時代は、ぼくだけではなく、過去を振り返ろうとしないという意味において、ほんとうに特殊な時代でした。GHQ（連合国軍最高司令官総司令部）がやって来て、日本国憲法がつくられ、天皇制が保持されました。そんな中で、ぼくらは行き場を失い、何を目指したかといえば、高速道路や高層テナントビルをつくり、東京オリンピックを招聘《しょうへい》し、ひたすら発展、開発するという道を目指したのです。言ってみれば、国民全員が過去を忘れようという大合唱、一億総記憶喪失の時代だったとしか言いようがありませんでした。ぼくをふくめ、あの物欲レースに参加した「戦後人」のだれもが、自分たちの足元に眠る三百何十万人もの戦死者のことなどコロリと忘れて、発展、開発の道を走り出していたのです。

口悪く言えば、窪島誠一郎自身を含めて、一日も早くあの戦争という記憶からのがれたいという願望が、あの昭和の時代の根元にはあったのではないかと思います。そしてぼくは、村山槐多の一冊の画集との出会い、「かまきん」での松本竣介、靉光、関根正二たちの絵との出会いによって、その一億記憶障害組から辛うじて脱出できるのではないかという微かな希望をもったといっていいのでしょう。

だからといって特別何かをするわけではありませんでした。心の中では、強烈な内部分裂が始まっていたのですが。一方では、物欲丸出しで、それに甘んじた日々を過ごしていました。じっさい当時のぼくといえば、たった7、8人しか座れない小さな手作りの店で、日々シェーカーを振り、フライパンをゆすり、モーニングサービスを早朝7時から始め、夜の2時まで営業し、お客に愛嬌を振りまいて、面白いように板垣退助の百円札を数えているという毎日でした。ですから、99・9パーセントは、家を建てたい、トヨタの乗用車を中古でもいいから買いたい、いい服を着たいといった、一億総物欲レースのただ中にいたのが窪島誠一郎だったのです。でも一方では、忘れてはならないものをどこかでつき付けてくれる手段として、絵というものがあった。ぼくにとって、少なくとも、絵画に対する認識はそういうものだったわけです。

とにかくぼくは、ああした「戦後」の中にあっても、村山槐多、松本竣介、靉光、関根正二の絵に手を差し伸べられた体験を忘れてはいなかったのです。それは、自分を取り戻したい、本当は自分はこういう生き方だけで一生を終わるべきではないのではないかという、米粒のような小さな思いからでした。今から振り返ると、それはぼくの将来において、一つの大きなコアとなりました。ああいう絵画体験があったからこそ、かろうじて高度経済成長時代にすっぽり全身をのめり込ませずに済んだという感じがするのです。

その後、水商売は4軒までチェーン店が増えましたが、あるときそれをすべて閉じることを決心しました。そして、東京銀座の日航ホテルの真向かいにある工業社ビルの4階に、電話ボックスが4つ入るかどうかというほんの小さな小部屋を借り、なんと画廊を開くわけです。徒手空拳といえば聞こえがいいですが、絵のことなど何にもわかってはいない26、7歳の男が、突然そこで画廊経営の第一歩を踏み出すわけです。これが、大げさに言えば、窪島誠一郎と美術の世界との最初のファンファーレとなりました。

そのきっかけが、中村書店で出会った『槐多画集』であったことは先に述べましたが、一つ付け加えておきたいのは、本物の槐多の絵を観るのはずっと後のことだったのです。ぼくはその画集に載っていた槐多の絵や詩に惹かれたのですが、その段階では本モノの槐多の作品を観たわけではありませんでした。あの批評の神様といわれた小林秀雄が、同じような体験を語っています。代表作でもある『ゴッホの手紙』（新潮社）の中に入っていた一節だと思いますが、フィンセント・ファン・ゴッホがオーヴェルの丘でピストル自殺をする直前の、カラスのいる麦畑の絵に感動して涙ぐむのです。でもその絵はたしか、お土産屋で売っている模写の絵だった。彼は、その絵はがきを抱いてその場に崩れ落ちたというのです。それを聞きつけた作家の宇野千代が、もっといい複製画があるからと言って、額縁入りの立派な絵を送ってくれたそうですが、小林秀雄はその絵にはあの絵ハガキの絵にふれたときほどの強烈な印象を受けなかったと。しかも、後になって彼は、ゴッホの本物の絵を見るのですが、そこからも何も感じなかったというのです。

この批評の神様の体験はぼくをいたく元気づけました。『槐多画集』を手に取ったのは17歳で、本物を見たのはずいぶん後になってからでしたから、後から考えると、それに似た感覚でしたね。ですからぼくは、鑑賞者としては三流、五流じゃないでしょうか。画集だけで受けた人間村山槐多の強烈な印象と、「かまきん」で教えられた本物の画家松本竣介、画家靉光、画家野田英夫の作品との出会いという二つの体験は、少し異質なものだったのではないかなと、今この歳になって振り返っているのです。

■なぜ信濃デッサン館をつくったのか

東京の日航ホテルの真向かいに4畳半くらいの画廊をつくったことは先に触れましたが、そこで立て続けに、憧れの松本竣介、靉光、吉岡憲、古茂田守介など一連の夭折画家たちの作品を展示しました。それは後に、池袋モンパルナスという、現在の池袋西口から立教大学に広がる地域にあった、絵描きたち、あるいは絵描きを目指していた若者たちが多く蝟集《いしゅう》していた画家村に繋がってゆきます。靉光らが住んでいた有名な倍風寮《ばいふうりょう》もその一つです。これは偶然なのですが、後の後につくる無言館という美術館に並べられている戦没画学生には東京美術学校（現・東京芸大）の出身者が多いのですが、その東京美術学校を出た画学生の6割近くがあの界隈に住んでいました。ぼくは、池袋モンパルナスにこういう絵描きもいた、こういう画家もいた、ということを知るにつれて、多くの絵描きたちの小さな展覧会を、いわば芋づる式に開きました。その後、こうした小さな展覧会を移転した渋谷の画廊でも開くようになり、後に信濃町にも引っ越しましたが、そこでも数々の展覧会をやりました。

今では東京渋谷名物になっている交番のあるセンター街は、さまよえる若者たちの聖地ともなっていますが、そこにも画廊を開きました。画廊を開くと、当然のことながら経営のための資金が必要になります。水商売では当時、ビール１本１８０円、ナポリタン１皿が１５０円でしたから、そういう商売と比べると、絵のコレクションにはとんでもないお金がかかるわけです。貯め込んだお金が２、３００万円あったのですが、有名な画家の絵は高くて、とても手が出ません。当時からすでに松本竣介、靉光などの絵は、画商さんの間でも高値が付いていましたから。ただ不思議なことに、我がコレクションのご先祖様の村山槐多は、まだほとんど見返られていませんでした。神田の古本屋で槐多の画集や詩集を買うと、ページの間にデッサンが5枚ぐらい挟まれていたことがあったり、それをタダで譲ってくれたりしたものです。槐多の絵は、まだいわゆる鑑賞画の対象にはなっていなかったのではないでしょうか。ある種の好事家といった人たちの愛玩物（？）だったような気がします。そういう時代でしたね。

そんな経済的なこともあって、いつの間にか画家のデッサンを集め始めました。デッサンは、あの当時は、ほとんど見返られることがなかったからです。絵描きさんのアトリエを訪ねましても、いわゆる本画といわれるタブロー（キャンヴァス画）は商品であり、例えば麻生三郎先生や森芳雄先生のお宅を訪ねても、触らせてもくれませんでした。しかし、デッサンだけは、そこら辺に散らばっているのです。それで帰りしなに玄関で靴ベラを差し込みながら、「先生、これ1枚頂いてっていいですか」というと、「あ、いいよ、持っていって」とおっしゃる。これ、ほんとの話なのです。それぐらいデッサンは、デッサンをもっと崩したドローイング（線画）を含めて、絵画としての位置付けが非常に低かったのです。まあ、海の向こうのマチスやピカソのものは違ったかもしれませんし、ピカソのエロティカ（性的な欲求を刺激する芸術作品）だったりしたら、それは高価だったでしょうけれど、日本ではデッサンはまだまだ隅へ押しやられていました。それでふとよぎったのが、デッサンだけの美術館をつくりたい、という思いであり、その第一候補の目玉作品だったのが村山槐多だったのです。

村山槐多は、山本鼎《かなえ》とは、お母さんどうしが姉妹だったこともあり、親戚関係にありました。山本鼎という人は、絵描きとしての力量よりも、むしろ日本の近代美術の中で、創作版画運動、農民美術運動、あるいは子どもたちに本当の意味で自由な絵を描かせようという自由画運動など、美術運動のパイオニア、先駆者としてのほうが有名でした。槐多の従兄弟にあたる山本鼎の父親が、岡崎から信州の上田という所に出てきて開いた漢方医の医院があって、村山槐多は17歳から19歳頃にかけて、つまり亡くなる3年ほど前まで、そこに足しげく通っていました。おじさんの山本鼎を慕って、毎夏、上田近辺を放浪していたわけです。

村山槐多は22歳5ヶ月で亡くなっていますから作品量は少なく、コレクターもほとんどいませんでした。それでぼくが彼の絵を手に入れるために目を付けたのは、村山槐多の弟である、桂次さんの息子さん、つまり甥御さんに当たる村山太郎という鎌倉彫の先生でした。この村山太郎先生が、どこを気に入ったか知りませんが、ぼくの美術館づくりに大変共鳴し、応援してくださいまして、「信州のあそこに行けば槐多のデッサンがあるはず」などとナビゲーターをつとめてくれました。

山本医院の近くにお住まいの吉池さんという家に行けば、村山槐多がしばらく逗留していたので、槐多のデッサンで炭俵をくるんでいるくらいたくさんある。上田の隣の大屋——今の信濃鉄道の隣の駅ですけれど——そこのこれこれこういう家へ行けば、槐多が世話になっていた家があるので絵もあるはずだ。あるいは、千曲川沿いに「安楽」という旅館があって、そこに秦さんというご主人がいる。そこにも槐多は長逗留している、などなど。しかも太郎先生は、槐多のぶ厚いデッサン集をぼくにぽんとプレゼントしてくださったのです。これは、ぼくにとってはもう宝物を通り越して、信州に村山槐多の絵を並べる美術館をつくろうという情熱、ファイトにますます火がつきました。

年齢が33といえば、男としてもっとも燃えたぎる時期ではないでしょうか。後に京都国立近代美術館館長や京都造形芸術大学学長を歴任された河北倫明先生から、「あんたみたいに、飲み屋の親父で、急にこの世界に飛び込んできて、わずか2、3年で美術館をつくった人間はいないよ」と言われたものでした。これは絶賛と呼んでいいのか、軽蔑と呼んでいいのかわかりませんが、褒め言葉としてありがたく受け止めました。とにかく結果的に、昭和54（1979）年6月30日に、「信濃デッサン館」という小さな私設美術館が上田市郊外の塩田平という地に誕生したのです。

　村山槐多の絵を探す旅を重ねるうちに地元でお会いしたのは、『夜明けの星』を書いた美術評論家の小崎軍司さんを始め、山本鼎、倉田白羊、石井鶴三などといった画家の研究者や郷土史家の人たちでしたが、どうしたわけか上田にとってはすべてよそ者です。上田という土地は不思議なところで、どうやらよそから来た画家が一旗挙げて立ち去っていくという場所でもあったらしいのです。

　そこに、８５０年余の歴史を持つ真言宗前山寺という古刹がありました。その境内から下ってくる山門の脇の土地に立ったときに、「あっ、ここにも村山槐多が立ったことがあるのだ」と興奮しました、確証はありませんでしたけどね。加えて、そこから見る夜景は、ニューオータニから見ていた都会の夜景とは一味も二味も違うのです。都会の夜景は、電灯の数は多いのですが、そこに人間の匂いはない。しかし、前山寺の山門の脇の朝鮮人参の畑から見る夜景は、光の数は10個足らずですが、ぽつんぽつんと並ぶ電灯一つずつに人間がいるという感じでした。何といっても田舎を知らない東京男でしたから、これがまた気に入ったのです。

　そして、ぼくがツイテいたのは、その前山寺の守ふみさんという大黒さまが、たまたまぼくが訪ねたときにおられたことです。前山寺の娘さんですが、当時はまだ60歳近くで、あの地域では大変文化的素養のあったおばあちゃんでした。その方にぼくは、村山槐多から松本竣介、靉光、野田英夫について朗々と語り、自分の集めたデッサンを展示する美術館をつくりたい、何とかここの土地を貸してもらえないだろうかとお願いするのです。結果的に、敷金も何にもなしの無料で借りることができました。でも、これはオフレコですが、和尚さんもふみさんも亡くなり、代が替わるとお寺の考え方も変わって、今では年間二十数万円の土地代の支払いに苦労していますが。

そんなわけで、昭和54（1979）年6月30日に、信濃デッサン館という掘っ立て小屋のような美術館が前山寺の山門のそばに開館したわけですが、そこには、例の裸でおしっこしているお坊さんの有名な『尿《いばり》する裸僧』という重要文化財級の絵も含めて、村山槐多の作品としては41点という日本で一番多くのコレクションが展示されました。

しかし、ぼくは、今から9年前の74歳のときにくも膜下出血に襲われ、76歳のときにはがんを患って入院生活を送ることになります。そんなこともあり、「信濃デッサン館」、そして後に

信濃デッサン館（現 残照館）

触れることになる戦没画学生慰霊美術館「無言館」という、自分が背負い込んでいる仕事の重さに耐えきれなくなって、今から6年前に、長野県立美術館に、村山槐多の作品も含めて400点を寄贈し、残りの33点を買い上げていただくことになりました。無言館の開館は平成9（1997）年でしたから、信濃デッサン館ができて18年目の出来事だったと思います。

その信濃デッサン館という小さな建物自体は今もそのままの姿であります。大半の絵を売却した後に一時休館しましたが、それから3年後に、再び開館することを決心しました。現在は「残照館」、日が沈む残照という名前に変わりました。上に「KAITA EPITAPH」という、ローマ字の横文字が並びます。このエピタフというのは墓碑銘という意味です。つまり村山槐多の墓碑銘ということになりますね。すでに多くの絵は手放したために、小さなデッサンがほんの数点だけしか残っていませんが、今も4月末から11月末までのあいだ、土日月の3日間だけぼく自身が受付にすわっています。幸い、ぼくのくも膜下出血も、がんの手術もうまくいきまして、何とか健康が保てるようになりましたので、美術館の再開に踏み切ったのです。

若かりし頃の窪島誠一郎は、初めて自分のキッド・アイラック・ホールという手のひらに乗るような小劇場をつくり、展覧会や演劇会、音楽会など色々な企画を53年間やってきましたが、それについでつくった美術館が信濃デッサン館であり、残照館だったわけです。この小劇場については今回の主題が散らかるのを恐れて触れませんでしたが、坂本龍一さんから、アルフィーの高見沢俊彦さん、坂田明さん、日野皓正《てるまさ》さん、暗黒舞踏の田中泯《みん》さんなど、そうそうたるミュージシャンやアーティストたちが巣立っていきました。そのホールも羅病を契機に閉じ、信濃デッサン館も主なる中心コレクションを売却して、一時閉館したわけです。

では、せっかく命がけ（？）でつくった信濃デッサン館という美術館をなぜ閉じるまでに至ったのか。もちろん、先ほど言いましたように、健康上の問題や自分の年齢を考えれば、2つも3つもの仕事を同時にはできないという思いもありましたが、やはりそこには、一人の戦地からお帰りになった絵描きさんとの出会い、洋画家の野見山暁治さんという、去年102歳でお亡くなりになった先生が信濃デッサン館を訪ねてきてくれたことが大きなきっかけとなり、後に無言館という美術館を、信濃デッサン館から約300メートル離れた隣接地につくったことと大きく関係します。これから先は、その無言館がなぜ生まれたのか、無言館がどういう役割を果たしたのか、ぼく自身の人生にどういう変化をもたらしたのかについて、話を進めたいと思います。

■野見山暁治画伯との出会い、戦争との交差

信濃デッサン館は、私設美術館、つまりは純個人立の美術館としてつくられましたが、昭和

50年代には個人が美術館をつくるということはあまりありませんでした。例えばサントリー美術館とか山種美術館といった、先代が集めた古美術を対税政策を含めて展示開館する美術館は私立としてありましたが、信濃デッサン館のような純個人立の美術館は少なく、長野県などでは信濃デッサン館に影響を受けて、いくつもの美術館が建設されるようになりました。

さて、その信濃デッサン館で毎年村山槐多を偲ぶ会が行われ、全国から集まった槐多ファンが、デッサン館の前庭で焚き火をしながら、野の宴というのにふさわしい恒例の催しを開催するようになりました。粉雪の舞う中で蕎麦《そば》を食べたり、信州名物の野沢菜を味わったりしながら、お酒を酌み交わして槐多を偲ぶ、信濃デッサン館の恒例行事と言っていいかもしれない小さな集いが、なんと40年間も続き、そこに毎回、窪島誠一郎好みのゲストをお招きすることが恒例化したのです。

この槐多忌が16回目を迎えた頃だったと思いますが、野見山暁治画伯をお招きしました。先生は、東京美術学校をお出になってすぐ学徒出陣となり、満州の牡丹江に出征しました。しばらくして、戦地で肋膜を患いますが、これはラッキーだったとしか言いようがないことですが、3ヶ月後に内地に送り返されました。野見山先生は郷里である福岡県飯塚の療養所で、療養中に終戦を迎えるという体験をなさったわけです。先生は昨年１０２歳でお亡くなりになりましたが、たしかあの頃は73歳ぐらいだったと思います。

これは余談ですが、そのときの「槐多忌」には黒柳徹子さんというマスコミの寵児も来てくださいました。これはあまり知られていませんが、徹子さんは村山槐多とは母方の遠縁に当たられる親戚筋の方です。そんなご縁もあって、黒柳さんにもゲストとしてご参加いただきました。いつものように、村の分教場のような小さなホールで鼎談をしたのですが、村の人たちが２００人、３００人と集まり、槐多忌は滞りなく終わり、その夜、黒柳さんはお帰りになりましたが、野見山先生は一晩上田に滞在してくださることになりました。

峠一つ越えたところにある別所温泉というひなびた湯の宿に一泊され、そのとき、食事をしながら先生のお相手をしたのですが、「窪島くんは、村山槐多や関根正二、松本竣介、靉光という早逝した画家に興味を持っているが、それはなぜだい？」と、ぽつりと話されました。ぼくは、「絵という紙一枚で吹き飛んでしまうはかない存在と、絵描きがそこに込めた命がわずか20歳、30歳で亡くなっていったという運命が、デッサン画のはかなさとフィットして、たまらなく魅力に感じるのです」と、窪島流の言葉で答えました。先生が、「自分は満州に出征し幸運にも生還したが、自分の何倍もの才能があるたくさんの仲間が亡くなった。このはかなさも辛いものだよ。村山槐多や関根正二は、それなりに日本の美術史に名を刻むことができた上で病で亡くなったが、それはある意味で絵描きとして課せられた死だった。しかし、ぼくの死んだ仲間たちは、国の命令によって戦争に向かった、言わば強いられた死だったんだ」とおっしゃったのです。ああそうか、同じ若死にした絵描きにも、戦争で死ぬことを余儀なくされた若者たちもいたのだなと改めて思いました。

もちろんぼくは、それまでにコレクションした絵の中にも、戦争で亡くなった画家がいることを知っていました。靉光は、38歳で上海で亡くなっています。『眼のある風景』という名作がある広島生まれの本名石村日郎という絵描きですが、上海で38歳で戦病死しています。山崎省三という絵描きも、ぼくがコレクションした一人でしたが、ハノイで戦病死しています。拡大解釈すれば、終戦の翌々年に結核で亡くなった松本竣介だって、戦争中における食糧不足などの影響によるものです。ふと気付くと、戦争での死という一つのキーワードが、初めてぼくの心に舞い降りてきたのです。

自分がコレクションしている絵や絵描きの存在と、野見山先生がおっしゃった、自分より何倍もの才能があった仲間が戦地で死んでしまい、ほっとけば彼らの絵はこの地上から消えてしまうのだよとおっしゃったことが重なり合ったのです。今まで考えてこなかった、彼らが過ごした時代というものの持っている不条理さに気付かされたわけです。とりわけ、野見山先生がお出になった東京美術学校はお国が経営する美術学校ですから、出身者は繰り上げ卒業が多かったのです。軍部の指令があったのかどうかはわかりませんが、理工科系や医学系の学生は温存されて、どちらかといえば、絵筆より重い物を持ったことがないような文化系の学生が早く戦地に立たされるというのは、真偽のほどはともかく、当時の学生たちの常識だったようです。自分がコレクションしてデッサン館に並べた画家の中にも、芸術家として課せられた死ではなく、無理やり戦地に行かされて命を落とし、志半ばで亡くなった人がいたのだと、ぼくは初めてそのとき自覚したのです。自分は恥ずかしいほど「戦争」に対して奥手だったのです。

それまでにも、靉光の本も松本竣介の画集や資料も読んでいましたし、先ほど申し上げた池袋モンパルナスの住人たちの中にも、戦時中を生き戦地で亡くなった絵描きがおおぜいいたことを知識としては知りながら、そこで足を止めて考えるということはあまりしなかったのです。事によると、これは水商売で一稼ぎした時代の、一億総記憶喪失組の中にぼく自身も巻き込まれていて、自分の好きな絵描きたちが戦争という不条理を生きたという認識が、どこかで抜け落ちていたのかもしれません。それを、別所温泉で一泊した野見山先生が、独特の口調で「彼らのお父さん、お母さんはもういなかろう、彼らの絵がどうなってしまうのか、それが気になってならないんだ」とおっしゃった言葉によって、よみがえってきたのです。

これは後から気がついたことでしたが、野見山暁治先生は、戦没した自分の仲間の家々を訪ねた手記である『祈りの画集』（NHK出版）という本を出版されていて、ぼくの書架にも並んでいました。にもかかわらず、ぼくは「戦争」をすーっと通過していました。この通過癖というか、一種の傍観癖は、自己解析しなければいけない重要な宿題なのですが、野見山先生と一夜を過ごし戦時中の仲間のことを聞かされたときに、遅まきながらごく自然にそんな自分の罪と向き合わされたわけです。

それはどういうことかといいますと、ぼくが信濃デッサン館をつくり、夭折した絵描きに惹かれていった行動の底には、絵描きには二つの命があるという思いがありました。一つはお父さん、お母さんからもらった生身の命、もう一つは、自分が生み出した作品という命です。そして絵描きの場合は、その作品さえ残っていればまだ彼らは死んではいない、彼らの作品がこの世に残されている以上彼らはまだ生きているのだ、ということでした。これは、窪島誠一郎の自製の哲学の一つです。それに対して、野見山先生が「彼らのお父さんお母さんはもういないし、ご兄弟の中にもすでに鬼籍に入った方も多かろう、ほっとけば彼らの絵がこの世から消えてしまうと思うと、たまらない気持ちになってね」とおっしゃった言葉によって、再確認されたといえるかもしれない。そのときに初

野見山暁治画伯（右）と筆者

めてぼくは、戦争と絵描きの立ち位置が交差したところに心が触れた気がしました。

それから1週間ぐらい経ったときでした。野見山先生は東京の練馬区早宮にお住まいだったのですが、そのお自宅に先生をお訪ねしました。そして「先生は先日、才能があった仲間たちがおおぜい死んだとおっしゃっていましたが、彼らの絵の収集を、何とかぼくにやらせてくれませんか」と申し上げたのです。「まだ間に合うかもしれません、かれらの絵がある全国のご遺族を、ぼくに訪ねさせて下さい」と。窪島誠一郎のどういう思いがあの言葉になったのか、正直まだ未整理なのですが、一つはやはり、「自己承認欲求」という今はやりの言葉がありますが、それに近いものもあったのではないかと思います。

ぼくは数年前、ちょうど信濃デッサン館を開館したほぼ同時期ぐらいだったと思いますが、戦時中に生き別れた水上勉という高名な直木賞作家が、自分の実の父親であるということがわかりました。これもぼくの人探し癖というか、追っかけ癖の成果だったのですが、その話は何冊かの本にまとめてテレビドラマにまでなっています。その戦時中に別れた父親と出会ったことが広く知られたことにより、やがて、戦時中の灯火管制の下で、ろうそく1本の灯の下で私を産んだ母とも再会することになりました。そして、貧しい靴の修理屋の養父母に預けられて育ち、自分で考えついて始めた水商売が高度経済成長の幸運に恵まれて当たり、待望の家を建て、好きな絵のコレクションに走り、昭和という時代をうまく生き泳いできたのです。そうした暮らしを経て、ままごとのような美術館である信濃デッサン館をつくるに至った人間であるわけです。

自分という人間が、誰のもとに生まれ、戦後をどのようにして生き、芸術を愛好するディレッタントというか趣味人としての生活を全うできたのか。この道のりは、開戦した昭和16（1941）年から自分に与えられた「昭和」という時代と無縁ではないと考えております。自分の人生そのものが「昭和」と切っても切れないものであり、自分で生きてきたつもりの人生が、やはり「昭和」という時代に流されたものだったのではないか。それが、先ほど言った自己承認欲求であり、ちょっとおしゃれにいうと、自分が辛うじて獲得したアイデンティティーだったのではないかと思います。

この、本当の自分は何だったのかという思いが、あのとき野見山先生に、「今からでも間に合うかもしれません、画学生たちがもう一つの自分の命として残した絵に出会えるかもしれません、私に全国を巡らせてください」と言わしめたのだと思います。先生は、東京美術学校時代の亡くなった仲間に関しての、暑中見舞いや賀状、ご遺族とかわした書簡など、ありとあらゆる資料をぼくに提供してくださいました。そのナビゲーターをつとめられる人は、先生をおいて誰もいませんでしたから。ぼくが画学生の遺作の収集を決意した心の裏には、画学生の絵が残ってさえいれば彼らはまだ死んではいないのだという、日頃から抱いていた小さな哲学と同時に、自分という人間の本心はどこにあるのかという、あまり好きな言葉ではありませんが、どこかで本当の自分探しを求める思いがあったのではないでしょうか。

これは、それから何十年もたって整理して語る言葉ですから、その当時、どれだけはっきりした自覚があったかは定かではありません。今振り返ると、その仕事をぼくにやらせてくださいと言った心中には、画学生たちのことを思う気持ちはもちろんありましたが、同時に、自分にどこまでやれるのか、それをやって人に褒められたい、自分の力量を確かめたいという気持ちもあったように思います。繰り返しますが、野見山先生のおっしゃる、亡くなった仲間の卓抜な才能を奪ったのは戦争だった、ということへの同情とか憐憫《れんびん》はもちろんありましたが、同時に昭和を生きてきた窪島誠一郎という人間自身の、生き方のありようを確かめたいという気持ちも強かったのではないでしょうか。すでにその頃は、実の父である高名な作家と出会ったということで世間が騒ぎたて、非才な自分があちこちから原稿を頼まれたり、本を何冊か出せるようになっていましたから、ここでもう一度自分自身の歩いた道を見つめ直したいという欲求が芽生えたのだろうとも思いますが。

■かくして無言館は誕生した

さて、その野見山画伯が訪ねてきた一夜があったおかげで、ぼくは52歳頃から、全国を歩き始めました。途中、5、6ヶ所くらいまでは野見山先生も同行してくださいました。しかし、折しも北の丸公園の国立近代美術館で野見山暁治展という大きな展覧会が開催されることもあって、先生は多忙を極め、自ら戦線を離脱されました。「あとはクボちゃんに任せるよ」と言って。もちろん亡くなった仲間たちのご遺族の資料を整理し、引き続きナビゲーターをつとめてくださいましたけれど。

でも、面白いですね。野見山先生と一緒にご遺族を訪ねますと、一緒にデッサンを勉強していた友達であり仲間のことですから、話が弾むのです。ところが、ぼくは戦争の時代については何も知らないわけです。何といっても戦争中、防空壕で窪島はつに抱かれてすやすや寝ていた赤ん坊だったのですから。ただそばに座ってご遺族と先生の話をお聞きして、最後に風呂敷を広げてあわただしく絵を包んで持ってくる係でしかないのです。

ところが、野見山先生がいなくなってぼくが主役になり、一人で戦没画家の絵を訪ねると、行く先々で、ちょうど育ての親と同じような年齢のおじいちゃん、おばあちゃんが出てくる。それが画学生の兄弟姉妹ですから、戦争中のことを切々と語るのです。最後まで絵筆を置くのをためらっていたとか、軍規に違反することを承知の上でリュックの底にスケッチブックや鉛筆を忍ばせて戦地に発ったなどと、色々な話をしてくれるのです。戦争中スヤスヤ眠っていた赤ん坊だった人間が、当時青春の中で必死に絵を描いていた画学生たちの話を聞くというのは、強烈でしたね。そんなことも自分は知らなかったのか、わかっていなかったのかという連続でした。ところがぼくは、何といっても飲み屋上がりの男ですから、いったん人から聞いた話は自分の言葉のように消化する癖がマスター時代から付いているのです。その渡世人としての才能（?）が発揮され、前の日に訪ねたご遺族から聞いた話が我が事のように話せる自分になっていったわけです。あの防空壕の中で眠っていた子どもの頃の記憶が、奇妙な揺り戻しを起こして、どんどん変化していった。「戦争」を軸にした一種の伝言ゲーム。うまく表現できないのですが、画学生たちのお兄さん弟さんと会うたびに、ああそうだったのか、そういう時代に彼らは絵を描いていたのか、ということを学び、野見山先生の応援によって、そうした壺の中にさらにはまり、深い沼の中に落ちこんでゆくような感じでした。

とにもかくにも、そうやって約3年間、全国のご遺族宅を訪ね歩き、北は北海道江別市から、南は九州の鹿児島県種子島まで、37ヶ所を訪ね、87点の作品を持って帰ることができたのです。野見山先生は、言い出しっぺなのに案外無責任で、「今頃行っても絵は集まらないだろう」とかおっしゃっていたのですが、今日は延岡の興梠《こうろぎ》武さんのところからこの絵を持ってきました、今日は種子島の日高安典さんの絵を持ってきました、今日は浜松の中村萬平さんの絵を持ってきました、と報告するとわが事のように喜んでおられました。ぼくにとっては野見山画伯は総司令官でしたから、戦果を報告しなければいけません。すると、「おお、中村萬平はデッサンが良かったんだよ」とか「あいつは静物画が得意でねえ」とかいったことを電話の向こうでおっしゃるんですが、それが大変励みになりましたね。

そのうちに欲が出てきて、野見山先生の知らない画学生を訪ねてみたいと思うようになりました。その一例ですが、タマビ（多摩帝国美術学校）と並ぶムサビ、つまり武蔵野美術大学の前身となる帝国美術学校があり、とくにマタビには工芸図案科があって絵を描きデッサンを学ぶ女性もいました。女性は鉄砲を持って戦地に行くことはありませんでしたが、武蔵野の中島飛行場をはじめ全国の軍需工場で働かされ、戦争に巻き込まれてデザインや絵を勉強する時間を奪われたという点では男性と同じでした。トウビ（東京美術学校）はデッサンを重視する学校でしたが、ムサビは最初からシュールやフォービズムであり、のびのびしていて、トウビにない絵で知られていました。ですから、偉くなった東美出身の絵描きさんの中には、トウビで学んだデッサン癖を捨てるのにずいぶん苦労したともいわれています。そのムサビ（帝国美術学校）であの時代に描かれたというシュウルな絵が出てきたときなど、野見山先生をぎゃふんとさせようと、鬼の首でも取ったように報告したものです。東美出身の文化功労者の先生も、そういう絵が好きだったからでしょう。

ただぼくは、やはりエエカッコシイだったのだと思います。決して戦争や反戦・平和のシンボルとして彼らを追いかけることが旅の目的だったわけではありませんでした。もちろん戦争の不条理といいますか、戦争さえなければ彼らは生きていられたわけですから、それは考えないわけではありませんでしたが、彼らには依頼されて描いた絵など一点もありませんし、画商さんから勧められて描いた絵もないのです。それらは召集令状を受け取ったときに、ほとんど動物の本能のように、描きたかったから描いた絵なのです。描くというミッション・使命があったというより、むしろ描きたくて描きたくてたまらないという本能によるものでした。そのことにぼくが気付いたのは、画学生たちの絵を集め始めて2、3年ぐらい経った頃でした。このことは、野見山先生との対談集（新装版『無言館はなぜつくられたのか』かもがわ出版）でも意気揚々と語っていることです。

ぼくは当初、集まった絵を、信濃デッサン館の片隅に飾ろうと思っていました。館内の一角に、戦争で亡くなったこういう人たちもいましたよ、という紹介コーナーをつくり、関根正二や靉光、松本竣介や野田英夫らの作品と並べて、夭折した絵描きの一人として彼らを紹介しようと思っていたのです。ところが、従来の信濃デッサン館に飾られている絵と圧倒的な違いがあったのは、彼らの絵が、もっぱら絵を描きたいという本能に基づいていたことでした。

ぼくはあの頃、信濃デッサン館の奥の6畳間に寝泊まりしていました。そこの6畳間の壁に全国から集めてきた絵を立てかけ始め、いつの間にかそれが2枚、3枚と重ねられるようになった。それで、夜になってトイレにいくために布団から立つたびに、否応なく彼らの絵を見てから布団に入る。そうすると、寝付かれないほど彼らの絵の声が聞こえてくるのです。その「描きたい、もっと生きて絵を描きたい」というコーラスはほんとうにすごいものでした。

佐藤孝という画学生は、戦没学生の手記『きけ　わだつみのこえ』に「林の道」という絵と「自分の作画があまりに少ないことを嘆く、私の生命も滅びるかもしれないが、絵は永遠に残ってくれるだろう」という手記を載せています。彼が美術学校に通ったのはわずか3ヶ月、繰り上げ卒業させられ入学証書と卒業証書をほぼ同時に受け取って出征して行きました。彼らはデッサンや絵の具の溶き方を学ぶ時間がわずかしかなかったのですから、絵がまだまだ未熟なのは当たり前なのです。ですからぼくは、飛行機代や汽車賃を使って家族を訪ね、持ち帰ってきた絵を開けて、がっかりしたこともありました。関根正二や松本竣介などとは絵の格が違うのです。でも、ひたむきさというか、懸命に画布に向かっている姿は彼らと互角以上なのでした。

それでぼくは、収集を始めて数年後、野見山先生に「デッサン館の画家たちと彼らとは違います。一つ屋根の下に、同じ戦争の時代を過ごし不条理にも命を奪われた彼らの絵だけを集めて展示してみたい」と申し上げました。一点一点の絵が放つ声は小さくとも、絵を描くこととは一体なんなのかという、彼らの絶唱のコーラスが大きなオーケストラとなって響いてくるはずだと考えたからです。野見山先生は電話の向こうで黙って聞いていましたが、それはぼくに許可を与えてくれたということだったと思いました。

それから、野見山先生に朝日新聞はじめ全国の新聞にその趣旨を書いていただいて、寄付金を募るようになりました。幸運だったのは、筑紫哲也という方がTBSから私を取材に来てくださって、感動的な内容にしてメディアで取り上げてくれたことでした。おかげで、全国から多くの寄付金が寄せられ、「ああ、戦争というものは、こんなにも多くの人たちに色々な思いを与えているんだな」と感じ入りました。帯広に住んでいるNさんという方は車椅子で、月7万円の年金生活の中から毎月、1万円札のしわを伸ばして、21年間送り続けてくださいました。三鷹の画学生Iさんのご遺族のように、「新しい墓をつくるために積み立てしていたお金だけど、あなたの美術館で使ってください」と言って、数百万円のお金を送ってくださった人もいました。こうして、雪が降り積もるように、全国からお金が届き、それが無言館をつくる大きな原動力になったのでした。

そんなこんなで、本格的に無言館づくりが始まりました。ぼくはたった一回ですが、イタリアのアッシジに行ったことがあり、そこで十字架の形をした小さな僧院を訪ねたことがあったのですが、その建物のイメージが、現在の無言館の構想に取り込まれました。ですからあれは、高名な建築家の手によるものではなく、もともと窪島誠一郎というシロウト建築家がつくった建物。あの十字架の形が一番、建坪が少なくて絵がたくさん飾れる形なのだそうです。それで、丘の上に十字架の形をした美術館が1億円近くかけて完成しました。約4000万円ものお金が全国から集まり、残りの5000万円は地元の八十二銀行さんに骨を折っていただき、1ヶ月38万8898円というローンを組み、以来それとずっと闘うことになったわけです。その後、「時の庫《くら》」という収蔵庫、第2展示室「傷ついた画布のドーム」もつくられました。

でも、野見山先生と話していたのですが、つくったはいいが、こんな無名の画学生たちの絵を観に、果たしてどれだけの人たちが来てくれるだろうか、という疑問でした。しかし、そんな心配をよそに、お客さんが予想以上に来られたのです。メディアの力にも感謝しなければなりませんが、なんと最初の1年間は10万人を超えたのです。当時、上田市はまだ合併が進んでおらず、人口7万8000人の街で

無言館の展示室

したが、あぜ道に渋滞が起こるほどの来館者が県内外から押し寄せたのです。無言館の絵たちは、それまでないがしろにしてきた戦争というものを、こんなにまではっきりした形で人々の心に喚起させる力を持っていたのだと、今さらながら痛感しました。

無言館に入りますと、それをつくった当事者が言うのもおかしいのですが、何ともいえない厳粛な雰囲気があるのです。全国には、何十、何百億円のお金をかけた立派な美術館はたくさんありますが、無言館には、生気と言っていいか、精気と言っていいか、そんな空気がみなぎっています。それはたった一つ、そこにあるすべての作品は、誰から頼まれたわけではなく、描きたいから描いた絵だということに尽きるのです。

そんな抜本的なことを教えてくださった方が、野見山先生の他に一人いました。近代日本の彫刻の礎を築いた彫刻家である佐藤忠良先生です。その忠良先生は、最初は、野見山先生とあまりお付き合いが良くなかったからではないかと勘ぐったほど、無言館をつくることに反対でした。先生は「窪島くん、ぼくは、君がキッド・アイラックというホールでギャラリーをやり、信濃デッサン館をつくった。その道のりを見ているだけで、胸がわくわくしたものだ。ぼくは君のファンだし、理解者の一人なんだ。でも、野見山くんとやろうとしている無言館の建設には不賛成だ。なぜなら、戦地に行って帰ってきた仲間たちの心の中には、それぞれ死んだ仲間たちの絵がいつも飾ってある『心の美術館』がある、それが自分たちの本当の美術館なんだ。

それを戦争の実相も知らない若い君たちに汚してほしくないんだよ」とおっしゃり、長いお手紙もいただいたのです。

ぼくはその気持ちはよくわかりました。しかし、もう「無言館」はすでに工事に入っており止められませんでした。ところが、その佐藤忠良先生が、開館3年ぐらい経ったときに来てくださったのです。もう亡くなる何年か前だったと思いますが、たまたま信濃デッサン館の喫茶室にいたぼくの所にきて、最敬礼なさったのです。「死んだ仲間に代わってお礼を申し上げます。私の考えが間違っていました」と。「今日、無言館に入ったら、ものを創り表現することに関わる人間が忘れちゃいけない原点があそこにあることに気付かされました」と言ってくださったんですね。嬉しかったですね。そんなムツカシイ哲学をわかって無言館をつくったのではないけど、おっしゃられたことにうなずけたからです。

さて、そういうことなどを経て、ぼくが無言館を開館したのは56歳、それから27年の歳月を超えて83歳になりました。その間、ほんとうに色々なことを学びました。というよりも、いかに自分が今まで何も学ぼうとしてこなかったか、むしろそれを忘れようとしてきたか、暗い過去のことを今さらわざわざ持ち出すことはないだろう、という気持ちをもっていたかに気付かされたのです。あの飲み屋時代、ジュークボックスから流れる流行歌に踊り狂ってお金を稼いでいた、その足元に三百数十万人、アジア近隣諸国を含めれば2千万、3千万ともいえる犠牲者がいた。その上に、極東の小さな敗戦国だった日本の経済繁栄があり、たまたま自分はその最終列車に飛び乗れた人間でしかなかったのだ。そういう昭和を泳いできた渡世人窪島誠一郎という人間の姿を、離れたところから見ることができるようになったのです。

これもすべて絵の力です。芸術的にその絵が美しいとか、構図やコンポジションが面白いとか、そういうこととどこで合致するのかしないのかはわかりませんが、絵と鑑賞者との対話のなかで得られる、昔読んだ坂崎乙郎さんがおっしゃった「感覚」こそが大事なのだということが、しみじみと理解できたのです。

■芸術は人間への愛である——宿題の答えはここに

無言館を開いて27年間、何とか営み続けることができました。しかし、そんないま新たな宿題にぶち当たっています。

新型コロナが蔓延した3年間は、それまで年間平均2万人あった来館者が、2500人、3000人という年が続きました。ぼく自身も大きな病をかこつ老人となり、信濃デッサン館のコレクションも、冒頭に申し上げたように、地元の長野県立美術館に引き取ってもらうという背水の陣をしかなければ、無言館を支えることはできないという判断にも踏み切りました。

おかげさまで何とかコロナの時代を乗り越え、今も無言館は息づいています。その点ではぼくは幸せ者だし、経営者として一定の責任を果たしたという自負は持っています。

ただぼくは今、考えあぐんでいます。自分が好きな趣味で集めた絵と、戦死した肉親の絵を預かってくださいと言って亡くなっていったご遺族たちとの約束を守ること、そのどちらに優先順位があるのだろうか、デッサン館ありきか、無言館ありきなのか。それに加えて、新たな宿題、課題が現れました。それは、無言館とはいったい何なのだろうか、という今まで未解決のままにしてきた問題でした。

よく人から、「無言館という名前はどうしてお付けになったんですか」と聞かれますが、答えは簡単です。北は北海道、南は九州種子島を歩くうちに、勝手に「無言館」という名が降りてきたと言ったほうが正確なのです。彼らの絵を前にして自分が何もしゃべることができなかったこと、そして彼らの絵もまた無言のままぼくを迎えてくれたということ。後に紹介する木下直之さん（静岡県立美術館館長）もこうおしゃっています。「無言館という名前は絶妙だ、戦没画学生たちはもはや語ることはない。しかし、絵が無言で語りかけてくる。さらに、そこを訪れた誰もが言葉を失う。ほとんど聖地であり、霊場なのである」と。

しかし、その無言館は果たして本当の意味での美術館と言えるのだろうか、という素朴な疑問が発生してきました。なぜかといえば、とりわけこの数年は、あの地球の遠い所で始まった戦争が大きく関わっているのではないかと思います。

美術館の出入口や小さな図書室に置かれている感想文ノートに、感想を書いていってくださる方が結構おいでになるのですが、その内容が大きく変わってきたのです。初めの10年くらいは、画学生たちの描いた古里の夕焼けの色、竹馬の友と遊んだ野山の緑の美しさ、自分をおぶって子守唄を歌ってくれたおばあちゃんのしわやまつ毛の一本一本、かわいがっていた妹に縮織《ちぢみ》りのピンク色の帯を締めさせて、里芋の大きな葉っぱの側にしゃがんでいる姿を描いた卒業制作など、彼らの絵じたいに対する感想が大半でした。しかしここ数年は、坂崎先生がおっしゃった、彼らの絵と真正面から向かい合って感覚をやり取りする、そういう感想がみるみるうちに少なくなってきました。そして「ウクライナを何とかしろ、プーチンをぶっ殺せ」「イスラエルを援助するアメリカが悪い、ガザ地区住民を守れ」「今の自民党政治はあまりにひどい」といった、イデオロギーというか、政治的な意見やメッセージを訴える内容に変わってきてしまったのです。

ここに収まった戦没画学生たちは、雲の上で、あるいは泉の下で、この無言館という得体の知れない、美術館でもなく資料館でもなく平和記念館でもない、しかも敗戦の対価としての経済成長で一儲けした男がつくった施設に、自分の絵を飾られることを良しとしているのだろうか。気付いてみれば、この施設は彼らの了解を得て開館した施設ではありません。遺族はたしかに感謝してくださったし、それでぼく自身も満たされるものがありました。しかし果たして、ここは芸術家、画家を目指していた彼らが、本当の意味で喜んでいる空間なのだろうか。

8月15日の終戦記念日が近付けば、カメラを背負ったメディアがやってきて、戦争さえなければ立派な絵描きになれたのにという、無念の涙を語ります。もちろん、反戦、平和を語るジャーナリズムが悪いわけではありません。そのメディアがあったからこそ、年間10万人を突破するほどのスタートをきれ、その結果今の無言館があることには感謝しています。しかし今の時代の中で、日々の情報というものは、一日もすればミキサーにかけられたように消化されていってしまいます。それは画学生にとってみたらどうなのだろうか、この中途半端な施設に絵を置かれ続けることに、どんな想いをもっているのだろうか。ぼく自身の哲学をもって言うなら、彼らの命の分身たる作品が戦争、戦争というシュプレヒコールにさらされ、まるでセカンドレイプにでも遭うように、2度目の屈辱を受けるような気持ちを抱いているのではないだろうか。そんな問題が突きつけられてくるのです。

その重い宿題は、残照館についても影を落としています。先に述べましたように、信濃デッサン館の収蔵品は、長野県立美術館に一部を買い上げていただき、コレクション400点を手放して、3年の間休館しました。その後、ぼくは83歳になり、おかげさまでがんも落ち着き、くも膜下出血の後遺症も残らず、年間3回のCTとMRIの検査をくぐり抜けて今を生きています。そんなぼくにとって、デッサン館が静まりかえり、廃虚になっていくのを見るのは耐えられませんでした。それで、3年休館した後に、残照館という一人の老人の晩年にふさわしい名前の美術館を立ち上げ、長野県立美術館には手渡さなかった虎の子というか、何気なく残った作品を展示して生きている。例えば、エゴン・シーレ、セザンヌ、村山槐多などの、描き古したような小さなデッサンが何点か残っていたので、「残りもの美術館」と心の中では自嘲しながら、残照館という美術館を3年前に再オープンしたのです。そこに今、土、日、月とぼくが木戸番をして、受付に座っているわけです。

300メートルと離れていない無言館に100人、200人が訪れた日にも、残照館には2人とか3人しか来てくださらないこともある。しかし、ここではっきり言いたいことがあるのです。無言館に並んでいる画学生たち、例えば、池袋モンパルナスの靉光のいた培風寮で一緒に青春を過ごした北九州市門司市出身の吉田二三男、あるいは種子島出身の日高安典、あるいは「月夜の田園」という秀れた作品を残して逝った椎野修、みんな残照館に並んでいる絵描きたちに憧れ、彼らの仕事を理想として画道に励んだ人たちなのです。二つの美術館は、乱暴な例えですが、ベトちゃん・ドクちゃんのように、一卵性双生児のように生まれた美術館なのであり、いずれも昭和の渡世人窪島の胎内から吐き出されたコレクションであって、決して無縁ではないのです。にもかかわらず、そこまで思いを致す人は少なく、イスラエルだ、ウクライナだ云々、と感想文ノートに綴って、すぐ近くにある「残照館」には見向きもせずに帰っていく人々を見て、画学生たちはどんな気持ちでいるのだろうか、と考えてしまいます。

最後の最後にぼくが付け加えたいのは、昨年（２０２４年）の10月12日から暮れの12月15日の２ヶ月間にわたって、静岡県立美術館で開かれた、『無言館と、かつてありし信濃デッサン館―窪島誠一郎の眼』展のことです。そこの館長さんは木下直之さんといって、多くの著作も残されている文章家の方ですが、木下館長さんだからこそあの企画は実現したのだろうと思います。ぼくはそんなに深いお付き合いがあるわけではありませんが、木下さんは以前から無言館を足しげく訪ねて来てくださり、デッサン館のファンでもあるということを人づてに聞いておりました。

ぼくはその展覧会にさんざん通い、講演したり檀ふみさんと対談したり、何より館長の木下さん、岩手県立美術館の館長さんだった原田光さんと、鼎談まで行いました。そして、この展覧会は『窪島誠一郎の眼』展と銘打たれているわけですから、窪島もカタログの冒頭に一文を載せてほしいと木下さんから命じられ、さすがに無神経な窪島も、自分の名を冠した展覧会に何を書いたらいいのか、何を書くべきなのかと迷い、ずっと固辞していたのですが、木下館長から窪島用にすでにカタログの誌面は空けてあると言われてしまいました。それで、さんざん考えたすえ、6、7行の詩を書いてお茶を濁しました。こんな詩です。

かれは泳げない
絵の波間に
プカプカ浮いているだけ

「信濃デッサン館」も
「無言館」も
「キッド・アイラック・ホール」も
かれがつくった
手製の浮き輪だった

いらい漂えど沈まず
八十二歳になった今も
彼はぷかぷか浮いている

『窪島誠一郎の眼』カタログの冒頭

ほんとに恥ずかしかったのですが、この展覧会を眺めていて思いました。『窪島誠一郎の眼』展というのは、戦没画学生の絵から、靉光の『眼のある風景』、村山槐多の『尿する裸僧』に至るまで、まるで闇鍋《やみなべ》と言っていいような混沌とした展覧会でしたから、普通の人は混乱したかもしれません。この一個人の歩みを辿った展覧会を、よくぞ公立の美術館が公費を使って開き、立派なカタログまで作ってくださったことに、ほんとうに感動し、半年以上経った今も感謝し続けています。木下さんはそのカタログに「相当な捻くれ者であることは一目瞭然、俗にいう煮ても焼いても食えない男、そうでなければ、美術館をふたつも建てようだなんて考えないだろう」と紹介してくださっていましたが、ぼくとしてはまるで「公開処刑」に遭ったような展覧会でした。

そして、これを結びの言葉として言いたいのです。

ぼくはやはり戦争を憎み、平和を尊びます。これは画学生と出会おうと出会うまいと、人間として当たり前のことであり、まして無言館をつくり彼らと出会ってなおさらその思いを深くしたのは当然です。しかし、今回の展覧会を見てしみじみ思いました。人への愛、人間への愛が、芸術の最も尊い目的ではないでしょうか。絵画でも、彫刻でも、文学でも、音楽でも、人間の自己表現は、帰するところ人間への愛の表現だと思います。ことによると、こんな大それた展覧会を開いた静岡県立美術館も、人への愛、人間の愛を伝えたくてやってくださったのではないかなと、そう思っています。人間への愛、それが芸術の目的だとしたら、答えは簡単です。ぼくの「無言館」「残照館」もまた、人間への愛を目的としてこれからゆっくりと歩んでいきたいと思っています。

第II部

アートで平和をつくる

（佐喜眞道夫）

佐喜眞美術館
向こうに海と米軍普天間基地を望む

■はじめに

沖縄から見える世界と日本から見える世界には大きなずれが生じています。日本では、日本の安全は「日米安保条約」によって守られていると考える人が多いのですが、激烈な地上戦の記憶が深々と刻まれている沖縄では全く違います。巨大な「在日米軍基地」を通して見えてくるアメリカや日本の姿は、きわめて歪んだものに映ります。

第二次世界大戦後のアメリカは「世界の警察官」と称して、世界に８００もの米軍基地を保有し、アメリカ以外の国々で戦争を起こし、その軍事特需で膨大な富をかき集めている「戦争中毒の国」です。その世界一金持ちの国で社会分断が進行し、数多くの発砲事件が頻発していることは周知のとおりですが、その根本的な原因は「戦争する文化」が社会に根付いてしまった結果だと私は考えています。

日本は、そのアメリカに完全にコントロールされているのでしょうか、ぴったりくっついていく従属国です。日本は、アメリカに軍事面をまかせているうちにまんまと経済大国にのし上がりましたが、冷戦構造を利用しての繁栄ですから、多くが東側陣営に組み込まれていた東アジアの国々に対して、第二次世界大戦の戦争責任も補償も完全なものになっていません。大きな宿題が残っています。またほとんどの日本人は、沖縄戦のことも沖縄に集中する米軍基地の真実も知りません。その決定的原因は学校教育のなかでこの重大な要件が抜け落ちていること、さらには日本と沖縄の関係を決定づけた「琉球処分」についての歴史的知識をまったく持っていない人がほとんどというのが現在の日本です。新聞もテレビニュースも、沖縄の問題としての米軍基地被害も辺野古の問題も宮古・石垣でのミサイル基地建設反対運動も、ほとんど報道しません。

私は東京で過ごした青年時代に、周りの人たちと沖縄のことを語る時になかなか通じない厚い壁を感じたことが多々ありました。そのいらだちは、山之口貘という沖縄出身の詩人の「会話」という詩に重なるものがありました。少し長いですが紹介します。

会話　　山之口貘

お国は？　と女が言った
さて　僕の国はどこなんだか
とにかく僕は煙草に火をつけるんだが
刺青と蛇皮線などの連想を染めて

図案のような風俗をしているあの僕の国か！
ずっとむこう
ずっとむこうとは？　と女が言った
それはずっとむこう
日本列島の南端の一寸手前なんだが
頭上に豚をのせる女がいるとか
素足で歩くとかいうような
憂鬱な方角を習慣している
あの僕の国か！
南方
南方とは？　と女が言った
南方は南方　濃藍の海に住んでいるあの常夏の地帯
龍舌蘭と梯梧（デイゴ）と阿旦（アダン）とパパイヤなどの植物達が
白い季節を被って寄り添うているんだが
あれは日本人ではないとか　日本語は通じるかなどと話し合いながら
世間の既成概念達が寄留するあの僕の国か！

亜熱帯
アネッタイ！　と女は言った
亜熱帯なんだが　僕の女よ
眼の前に見える
亜熱帯が見えないのか！
この僕のように
日本語の通じる日本人が
即ち亜熱帯に生れた僕らなんだと僕はおもうんだが
酋長だの土人だの唐手だの泡盛だのの同義語でも眺めるかのように
世間の偏見達が眺める
あの僕の国か！
赤道直下のあの近所

（「山之口貘詩集」原書房　１９５８年初版）

この詩は、私たち世代の心情をよく表しています。
しかし今沖縄は一大観光地となっているので若い人の感覚は少し変わっているかもしれませ

んが、軍事植民地的構造は何一つ変わっていません。沖縄戦では地上のすべてのものが吹き飛びました。しかし『琉球文化』は残りました。人びとは瓦礫の中で「琉球音楽」「琉球舞踊」を復活させて郷愁を満たし、そして「琉球料理」「琉球工芸」でアイデンティティを確認したのです。私も先人たちに学んで、「アートの力」を借りて巨大な理不尽に対抗してみようと試みています。

■私が美術館をつくるに至った想い

私は、沖縄戦の時に家族が疎開した熊本県甲佐町で、敗戦後の1946年に生まれました。小学生の頃子どもたちは授業に退屈すると「先生、戦争の話をして下さい」と、男の先生方にねだることがよくありました。当時の男の先生はほとんどが戦地帰りでしたので、いくらでも話ができます。話は野営での話から始まり、時には武勇伝も交えながらの内容が多かったのですが、現場の体験談ですから、とても面白かったのです。子どもたちは全員が夢中になって聴き入りました。

私は幼いながらにも、大人が戦争の話をする時、自己正当化するように話を大げさにして、虚実入り混じっているのではないかと感じていました。しかし、5年・6年生の時の担任だった井芹精一先生は違いました。先生はシベリア抑留体験を淡々と語ってくれました。話す時の先生の顔は、極寒のシベリアに戻ったかのようにツーンと厳しい表情になりました。過酷なシベリア体験は、面白おかしくできる話ではありません。私は、この先生は本当のことをおっしゃっていると感じ、尊敬しました。小学生の私に大人のウソを見抜くことが出来たのは、小学2年生の時、沖縄に帰省して地上戦を生き抜いたおばあたちの凄まじい体験談をたっぷり聞いていたからだと思いますが、それよりも沖縄と日本での「戦争の語り方」の違いを感じていたのかもしれません。

私の大学時代は、世界中の学生が学園闘争とヴェトナム戦争（1960～1975）への反対運動をしていました。日本でも学生運動が盛んで、課題の中心は沖縄返還問題でしたので、私は学問そっちのけで議論と闘争に明け暮れる毎日を送りました。私が学友たちに沖縄の地上戦をふまえて話をすると、学友たちはどんどんシラけていき、そして必ず誰かが「佐喜眞なぁ、今度の戦争では全国が焼け野原になったんだよ。沖縄だけ酷い目にあったような話はするな」と言うのです。みんなが、そう思っていました。私は沖縄が体験した「地上戦」と日本本土が体験した「空襲」は全く違うと頭の中では明確に解っているたですが、それを言葉として論理的に話すだけの知識がなく、鬱憤《うっぷん》がどんどん溜まっていきました。

そのような学生時代を送り、鍼灸《しんきゅう》師になった私は、1983年秋「原爆の図」を描いた丸木位里・丸木俊さんが《沖縄戦の図》に取り組んでいるという新聞記事に出会いました。私は「この絵の中に俺の言いたいことは全部描かれている！」と言える絵がこの世に出現したのだと思い、体の内側から爆発的な喜びを感じました。

今から思うと不思議なのですが、その時私は丸木位里も丸木俊も《原爆の図》も何も知りませんでした。もちろん《沖縄戦の図》の実物も見ていませんでした。

記事のうしろに講演会の知らせがありましたので、早速出かけました。会場に入ると演壇には丸木位里さんが椅子に座っておられましたが、貫禄というかオーラがあり、まるで巨大な縄文杉のような人だと強烈な印象を受けました。壇上で講演されていたのは俊さんでした。俊さんはずんぐりむっくりした童女の雰囲気を残す、白髪のかわいいおばあちゃんでした。俊さんは初めに会場に向かって「この中に沖縄の方はいらっしゃいますか？　いらっしゃったら手をあげてください」とおっしゃいました。何人かが手をあげて、私も恐る恐る手をあげました。すると俊さんは、私たちに向かって深々と頭を下げ、「私は日本人として沖縄の人に謝らなければいけません。すみませんでした」とおっしゃるのです。そして「日本は明治以来沖縄に対して酷いことばかりやってきました。沖縄戦では沖縄の人びとを盾にしてしまいました。戦後もずーっと酷いことばっかりしています。私は日本人ですけれど、そのことを全く知りませんでした。これは謝らなければいけません」と話し続けるのでした。

私は学生時代から沖縄に対する偏見や差別や同情を多く聞いていましたので、明治の「琉球処分」以来の歴史を自分の問題として語り、そのことに対して謝罪する日本人に初めて出会って、本当にびっくりしました。また、講演のなかで俊さんは、「私はだんだん目が悪くなり、そのうち見えなくなってしまい、絵が描けなくなってしまうでしょう。しかし言いたいことがたくさんありますから、その時は全国に講演しにいきたいと思っています」とおっしゃいました。私は鍼灸師ですからそれを聞きながら勝手に、東洋医学的診断をしていました。「俊先生は体力も気力もあり頑張る方で、背中か全身がぱんぱんにはっているだろう。これはぐっすり寝ることができれば改善するのではないか」と診たてたのです。

その後、私は共通の知人を介して、鍼灸師として俊さんの目の治療のために丸木美術館に出向くことになりました。治療はみごとに功を奏し、3回の針治療でぐっすり眠れる体になり目ヤニも解決しました。俊さんは「沖縄の絵を描いたら沖縄から青年がきて、私の目を開いてくれた」と、まるで奇跡でも起きたかのように喜んでくれました。このように、出会いはとても幸運なものでした。誰かに助けられている、と思ったほどでした。

それからお二人の健康管理のために、荻窪から埼玉の丸木美術館へ週1回、針治療のために往診する日々が11年間続いたのです。丸木の食卓に集まる多士済々の人々との交流は、私の芸術開眼の「場」となりました。

私の美術愛好は父が美術が好きでしたので、幼いころからよく美術館に連れて行ってくれた影響かもしれません。私は1975年から、米軍基地の借地料である軍用地代で絵画コレクションを始めました。沖縄の問題を考えていたせいでしょうか。気がつくと、私のコレクションはすべて「戦争の中で人間について深々と考え抜いた画家たちの絵」ばかりになっていました。ケーテ・コルヴィッツ、上野誠、儀間比呂志、ジョルジュ・ルオー、浜田知明などが少しずつ集まっていました。人間の真実を抉《えぐ》り出すような絵が多く、茶の間の壁にかけて楽しむものではありません。

そのころの私は、将来鍼灸院の待合室を少し広くして、集めたコレクションを展示していくのもいいかもしれないと、漠然と考えていました。

ある時位里さん、俊さんと私の3人で食事をしていると、位里さんが「《原爆の図》は広島に、《沖縄戦の図》は沖縄に置きたいと思って2つの県に申し入れてあるんだが、どこも手をあげてこん。また、何人かの人にお願いしておるんじゃが」とおっしゃるので、私はびっくりしました。「わしゃ、ヒロシマの人間じゃけー、ヒロシマがこういう態度を取るのはよう解る。しかし、あれだけの体験をした沖縄もそうなのか」と、とても淋しそうでした。

画家の重大な提案の意味を沖縄が解っていないのではないかと思った私は、沖縄県にも宜野湾市にも電話をしましたが、全くその気はありませんでした。《沖縄戦の図》の制作に協力を惜しまなかった平良修牧師の努力も功を奏しませんでした。私は「命どぅ宝」(命こそ宝)という沖縄の哲学が可視化された《沖縄戦の図》が沖縄の地にあれば、沖縄の平和思想のバックボーンはより大きなものとなる。これは、文化的事件だと考えていました。

市民からカンパを集めて美術館をつくるとしたらどうなるだろうか、と何人かの人に相談すると、「その話だったら300万~1000万は集まるだろう」という答えに愕然としました。美術館は1000万円ではできません。建物だけでも数億円はかかるでしょう。しかもこのような話は、寄贈したいという本人が存命中でなければできるものではありません。ご高齢の丸木先生のことを考えれば急がねばなりません。

しかし、冷静に私自身を吟味してみると、財力も足りない、アートに対する知識もない、美術館を運営する社会性もない。妻も「あんたに出来る仕事ではない」と反対です。

すべての条件が揃っていませんでした。ただ、合格点といえばお二人との信頼関係だけでした。その頃は私たち夫婦にとって最悪の時でした。晩婚で待ちに待った子どもが出産時、自然分娩にこだわった病院のミスで死産となってしまったのです。妻はおっぱいが張っても飲んでくれる赤ちゃんはいません。毎日泣きながら乳を搾っていました。私には慰める言葉もありませんでした。

私は毎朝深いすり鉢の底にいるような感じでブルっと震えて目を覚ましました。あたりは一面ブルーでした。ある時私は妻に「丸木さんが《沖縄戦の図》を沖縄に置きたいとおっしゃっている。苦労することは解っているけれど、あの死んだ男の子を育てるつもりで美術館をつくろうか」と言うと、妻は意外にも「そうね」と同意してくれました。今になって思うと、あの死んだ子が私たちの背中を押してくれたような気がします。そして、失意の私たちを暖かく迎えてくれた丸木位里さん、丸木俊さんにずいぶん救われていたな、と今しみじみ思います。

私は位里さんに「先生、私がやりましょうか」と言うと、「ちょっと来てくれ」と私を収蔵庫に案内して、沖縄で描いた風景画を5点積み上げて「これをもらってくれ！」と真剣におっしゃいました。私はこれをもらったら何が何でも美術館を実現しなければなりません。少し震えましたが、覚悟を決めて「いただきます」と答えました。その時、背骨の中を電気が走りました。それから美術館開館まで10年。位里さんはただ見守るだけで、「今どうなっている？」とはひとことも聞きませんでした。

美術館建設の中で一番困難だったのは、用地確保の問題でした。設計士の真喜志好一さんと話し合った結果、亀甲墓かウタキ（村の守護神が祀られている神聖な場所）があって、近くに緑もあること、そこから海を眺めることができること、土地の面積が５００坪から６００坪、という条件で土地を探しました。

２、３軒の不動産屋にお願いし、条件に合った土地が見つかると、私は東京から沖縄に帰って、地主にお願いするということを4、5回やりました。初対面で美術館構想の話をすると、「このせちがらい世の中で、社会のために美術館をつくる君は素晴らしい青年だ」と絶賛してくれました。2回目に会うと、少し様子が変です。坪単価が10万円上がっていました。3回目になると、笑顔の下に〝人食い〟の顔が見えました。値段は吊り上げられ、またたくまに手の届かない土地になってしまいました。私は憧れの故郷が資本主義によってかくも汚されてしまっていることに愕然としました。沖縄は重要な土地が米軍基地になってしまっており、民有の地価は非常に高かったのです。

私は、「こんな強欲な奴らのためにやることはない、やめた！」とふて腐っていました。しかししばらくすると、「かくも破壊された沖縄ならばなおさら、この『もの想う空間』は絶対つくらなければならない」という思いがムクムクとわいてきました。大金が動く場に直面すれば私も彼らと同じになるかもしれないとも思いました。この繰り返しが1、2年続きました。

そうこうしているうちに、沖縄の日本復帰から20年、米軍への借地の契約更新である1992年が近づいてきました。真剣になれば、土地台帳の裏側まで見えるようになります。毎年墓参りに来ていた墓の真ん前にその土地があったのです。墓の目の前の土地が条件にピッタリ合うことに気づいた私は、先祖に頭を殴られたような気持ちになりました。「ふらふらするな、ここでやれ」と言われたような気がして嬉しかったのです。幸い基地のフェンスに穴が開いており、先祖の土地を歩き回りました。何回も何回も歩き、しまいには足の裏が地表の形を覚えてしまったような感じがしました。

この墓について私の家に伝わっている話があります。昔の新城という地域は、今の普天間基地の滑走路のあたりにありました。そこは土地も肥えていて、豊かな農業を経営することが出来ていたのです。しかし墓のある上原地区はやせ地で、人びとは苦労が絶えなかったようです。それに対して佐喜眞家の先祖は上原、愛知、神山の人びとに仔ヤギや仔豚を分け与え、畜産業を奨励したことによって生活はぐっと良くなりました。佐喜眞が墓を建築しようとした時、その3つの字《あざ》の人々が手弁当で平地に土を盛り上げ、墓を造ってくれた、と聞いています。すなわち、みんなの感謝の気持ちが集まった墓なのです。

墓の上には当時この辺りの測量点となった印部石（シルベイシ）があります。その隣には村屋（昔の村役場）があって、村の青年たちの憩いの場所にもなっていました。

亀甲墓が完成すると、

銀の森を　後にし
金の森を　前にし
森は森として美しく
石は石として美しく
善き風水の巻墓の栄へ美し

と「かぎやで風」（琉球古典音楽の楽曲）の曲にのせて歌ったと言います

その土地の前に美術館を建てることが出来るのです。私は喜びに震えました。そこで、この土地を返させるために、防衛施設局と交渉し始めたのです。

1989年くらいから、防衛庁は契約地主に対して、契約の確認作業を始めました。私は、契約を拒否して美術館用地として返してほしいと、防衛局と交渉することにしました。那覇市にある大きなビルを訪ねると、案内の人が玄関で私を待っており、「防衛施設局は5階です」と案内してくれました。部屋に入ると、30人くらいの職員が一斉に、サンダルとラフな格好をしていた私のほうを見つめました。その時私は、顔の前でバチバチと火花が飛ぶような感覚になりました。防衛施設局員の契約拒否地主に対する並々ならぬ敵意を感じたからです。

それからというもの、私は背広を着て革靴を履き、手土産を持っていくようにしました。防衛施設局のW課長が「提供財産の返還手続系統図」という書類を見せてくれました。その表には、一番下に申請者（ここでいう私の立場）の名前があり、何重にもわたる複雑な組織を経て、組織図の頂点には「日米合同委員会」とありました。「日米合同委員会」とは、日米地位協定をどう実施するかという、日本の省庁から選ばれた官僚と在日米軍のトップによる組織です。ここが最終的な決定を下すという表に、私は驚きました。

在沖米軍基地のフェンスは国境なのです。民間地で手に入れるすべを失った私には、このエベレストのような高い山を登るしかありませんでした。当時大学院生だった私は年に4、5回、東京から沖縄に帰って防衛施設局を訪ねました。しかし、「佐喜眞さんの返還要請は米軍に伝えていますが、米軍は返還をしぶっています」という同じ答えの繰り返しでした。

3年を超えたころ、やっと私はこの窓口は何も仕事をしていない、ただ門前払いにしているのだということに気づき、ここではダメだと、地元の宜野湾市役所に桃原正賢市長を訪ねました。私はこの計画には公共性があると思うから、知恵も力も貸してほしいとお願いしました。

市長は比嘉盛光企画部長を「君は若いから佐喜眞君の担当になりなさい」と指名してくれました。比嘉盛光さんは、コミュニケーション能力の高い人で、彼の根回しのおかげで米軍の担当者とのテーブルでの交渉の約束が出来ました。そこで、米軍基地不動産管理部の所長、ポール・宜野座さんを訪ねました。この方は、アメリカで育った沖縄系移民のウチナーンチュであり、私は熊本で生まれ育ったウチナーンチュです。最初の挨拶の中で、ポールさんはアメリカから見ていて、沖縄のために何か役に立ちたいという想いを持った人のような印象を受けました。

そこで私が土地を返してほしいと申し込むと、ポール氏は「何をするんだ」と。私は「美術館を建設したいんです」と答えると、「おお、ミュージアムか。それが出来たらこの宜野湾市は良くなるね。我々にはなんの問題もない、オーケイだ」という答えでした。そこで私が、「過去3年間にわたって防衛施設局にお願いをし続けたんですが、まったく埒があきませんでした。今日はあなたとたった1回でうまくいって、大変驚きました」と言うと、ポール氏は「このような問題は、あの人たちに頼んでも埒があきませんよ」と。私は、沖縄に対して強圧的な日本政府は絶対的な権限を持っていると思い込んでいましたが、日米安保条約は対等ではなく、従属関係であることをその時初めて知りました。

今になって考えると、アメリカから沖縄を見ていたポール・宜野座さん、熊本から沖縄を見ていた私、そして地元の桃原市長と比嘉企画部長、この三者三様の沖縄への想いが化学反応を起こして100%を超え、幸運にも奇跡的に夢が現実となりました。これで用地問題は解決しました。

こうして用地の確保に長い年月がかかりました。その間私は、全国の個人美術館をたくさん見に行きました。100カ所を超えた頃から、何が大事かが解ってきました。それをもっとも強く教えてくれたのは、窪島誠一郎さんが長野県上田市につくった「信濃デッサン館」でした。信濃デッサン館を訪ねて村山槐多の《信州風景（子守の少年）1913年》の絵の前に立った時、心にツーンと来る、とても良い絵だと感じました。ドアの下から秋の隙間風が入り込んでくる展示室で、私は《信州風景》の前にしばらくた佇んでいました。美術館を出て、別所温泉の宿に向かって歩き始めた時、不思議な感覚に襲われました。さっき見た《信州風景》の絵の中を自分が歩いている、そんな感覚に襲われたのです。このままずーっと歩いていたいと思ったほどでした。

別所温泉の宿で夕食を食べながら、なぜこういう不思議な感覚になるのかを考えていると、塩田平の風景と信濃デッサン館の建物の空間が完全にマッチしていることに気づきました。美術館の空間をつくる時に一番大事なのは、その土地の風土・風水に合わせることだ。それがぴったり合えば、美術館に来館する人の印象は、その土地へのイメージも歴史も全部つながって強烈な印象となります。お金でも規模でもない、土地の雰囲気を取り込むことだ、そのことを教えてくれたのが信濃デッサン館でした。

私はそれをふまえて、設計士の真喜志好一さんに「《沖縄戦の図》を展示する沖縄の地につくる美術館です。だから沖縄の風水に徹底してこだわってつくって下さい」と注文しました。真喜志さんはとても喜んで、「僕の建築のテーマは時代の風を取り込むというものです」とおっしゃいました。私たちは互いに意気投合して、美味しい酒を酌み交わしたものですが、真喜志さんの提案は、屋上の階段を6月23日の「慰霊の日」の夕陽に合わせよう、というものでした。「慰霊の日」とは、沖縄県が制定している沖縄戦の戦没者を追悼し、平和を祈る、沖縄にとって大変大切な日です。私はびっくりして、「そんなことできるんですか」とお聞きすると、「6月23日は夏至でしょう。地球と太陽の位置が決まる日です」という答えでした。だから、美術館の屋上は、太陽の日没線に合わせてつくられています。

あとで数えたら、階段の数も6段と23段になっており、二人で鳥肌が立つほど感動しました。

そして毎年6月23日には、午後7時に四角い窓から入る太陽を、集まった人びとがそれぞれの

美術館の屋上に通じる階段には、慰霊の日にちなむ6月23日に夕日が一直線に差し込む設計になっている

想いで見つめています。この設計思想は深い共感を生み、人々を追悼へと誘っていくのです。

日本軍は沖縄で1945年5月の末で70％を超える兵士を失っていましたが、その後も戦場を南部に移し県民を盾に戦争を続けました。軍民混在するところへの米軍の艦砲射撃は凄まじいもので、地上の木も土も草もすべてをはぎ取り、大地は石灰岩で真っ白くなりました。その中で日本軍は住民を守るどころか、避難した豪を奪い、食料を奪うことを平然と行ったのでした。こうして6月に入った3週間で9万3００人の県民の命が奪われていきました。

沖縄は周囲を海に囲まれた島です。島での戦争は、人びとが逃げる場所はどこにもありません。今、私たちは毎日のニュースでガザの壊滅的な様子を見ていますが、それは沖縄戦の南部と重なって見えます。ガザは壁、沖縄は海に囲まれているのです。

沖縄戦の地獄を生き延びた人々は、その惨状を深く記憶に刻んで「命どぅ宝」という単純明快な言葉に包み込んで語り継いできたのです。

■魯迅が私を励ました！

現代中国文学の父と称されている魯迅（1881―1936）は、苦しむ中国民衆を医者になって救いたいとの思いで1904年に日本の仙台医学専門学校に進学しました。しかし、当時の中国民衆は長い封建制の支配とヨーロッパ列強の帝国主義の侵略によって疲弊しきっており、精神まで崩壊している状態でした。魯迅は、いま中国にとって肝心なことは「民族精神」を立て直すことだと考えて医学部を退学し、文学者になりました。そして、たくさんの評論や『狂人日記』『阿Q正伝』『故郷』などの小説を民衆に届けようとしたのですが、当時ほとんどの人びとは文字を読むことのできない文盲でした。一番伝えたい民衆には伝わりません。そこで、彼は新青年たちと「木刻運動」(木版画運動)によって民衆啓発運動に取り組みました。複雑な社会の底辺で貧困と疾病と飢餓に苦しめられている民衆に伝えるのですから、優れた芸術でなければ通用しません。優れた芸術作品ならば一見するだけで問題の本質を伝えることができます。

魯迅は、世界中から力のある版画作品を買い集めて青年たちに与え、中国の民衆が昔から親しんできた絵本の形式である連環画のことなど細かく指導をしていきました。青年たちはめきめきと腕をあげていきます。その時魯迅がもっとも重要視した作家が、ドイツの芸術家ケーテ・コルヴィッツ(1867—1945)でした。

コルヴィッツは、第一次世界大戦で愛する息子を、また第二次世界大戦では孫を戦争で失います。社会全体がヒットラーに熱狂し、荒れ狂うファシズムのなかでも彼女は、「戦争を狂気の沙汰」と考えることを止めませんでした。そして、志願兵として戦死した愛する息子のペーターを繰り返し作品化していきました。このような人間の真実を表現する芸術家は、ナチス支配の時代にあっては「退廃芸術家」の烙印を押され、制作も発表も禁止され、大学教授という社会的地位もはく奪されるという厳しい弾圧を受けました。こうしたファシズム下で多くの知識人たちは外国へ亡命し、ナチスドイツを去りましたが、コルヴィッツはそれを選ばす、ドイツ民衆とともに在り続けました。

魯迅はこのように戦争に対して毅然とした態度をとるコルヴィッツに大変感銘を受け、1930年10月に上海でケーテ・コルヴィッツの版画も加えた版画展を開催しました。そして1936年7月には病をおして『ケーテ・コルヴィッツ版画選集』を自費出版します。魯迅は『深夜に記す』に、コルヴィッツの作品について「世界には虐げられた人びとのために悲しみ、叫び、闘っている芸術家がいることを知ることとは、中国の青年芸術家たちに偉大な利益をもたらすのだ」と述べた後に、「今、この作家（ケーテ・コルヴィッツ）はヒットラーによって沈黙を余儀なくされているが、その作品は何万里を超えてこの上海の我々の目の前にある。そうなのだ。人類の為の芸術作品はどんな力をもってしても阻止することは出来ないのである」(要旨)と熱く書き綴っています。

「民衆の為につくられた芸術作品はほかのどんな力をもってしても止めることは出来ないの

だ」というこの言葉は、私に大きな励ましと芸術に対する確信を与えてくれました。そして私のコレクションの方向性が決まりました。私も魯迅やコルヴィッツのような、人間を励まし、力と勇気を与える真の作品をコレクションしたいと思ったのです。

その後、私はコツコツとケーテ・コルヴィッツの作品を収集し続けて、現在コルヴィッツの作品は60点になりました。２０１１年、北京の魯迅博物館と浙江省美術館から当館のコレクションで展覧会を開催したいので貸してほしい、と要請がきました。私が、日本で中国についての報道をみていると「今の中国は経済大国へまっしぐらで、いまさら魯迅やコルヴィッツではないのでは？」と聞くと、「いや、中国はより良い社会を創りたいと革命をしました。しかし、あれから70年たってみると2億人（当時）の富裕層と解決のできていない農村問題を抱え込んでいます。こんなはずではなかった、と考えている知識人がたくさんいます。その人たちが中国革命の原点である魯迅とコルヴィッツを見たいと願っているのです。そして、そのコルヴィッツが東アジアの琉球にある。そのことが大変重要なのです」という答えでした。

私は巨大な国だから当然様々な意見があるのだろうと考えて、歴史的にも琉球と中国の関係はとても深いものがありますから貸し出すことにしました。浙江省紹興は魯迅の故郷です。「魯迅の面容」という大規模な展覧会の一室を、当館コレクションのケーテ・コルヴィッツ作品で埋め尽くしました。その展示室は中国の年配の方々で埋め尽くされ、人びとの喜びと熱気で館内は異様な雰囲気でした。人びとはコルヴィッツの作品の中に自らが生き抜いてきた過酷な時代をリアルに感じ取ったのでしょう。「時代と切り結んだ芸術作品」が時と国を超えてこれほどの濃密な共感、感動をもたらし、人びとの心を揺さぶるものなのか、と目を見張る想いでした。

その後、私のコルヴィッツコレクションで、韓国の光州市立美術館、北ソウル美術館でも展覧会が開催されましたが、「民衆のためにつくられた芸術作品」への共感と喜びが容易に国境を越えていくのを目の当たりにした素晴らしい体験でした。

■ケーテ・コルヴィッツの手紙から

先に紹介した魯迅は、「木刻運動」でともに活動していた5人の若い仲間を国民党の白色テロによって失います。そのなかに柔石という青年がいましたが、その事実をまだ知らない彼の盲目の母のことを思い、魯迅はその痛恨の気持ちを追悼文ではなく、ケーテ・コルヴィッツの木版画《犠牲》に託して、雑誌『北斗』に掲載し、無言の祈念としました。それを見た多くの人々は、そこに魯迅・の想いを感じ取ったと書いています。

私は、1930年代の上海で白色テロにより5人の若者が虐殺されたという事件を「たった一枚の絵」が伝えてしまう、そんなことがあるのかと大変驚きました。そのコルヴィッツの絵をぜひ見たい、と渇望しました。

当時の日本では、ケーテ・コルヴィッツの作品を実際にみることは出来ませんでした。私は長い間、自分の中で勝手にああだろうか、こうだろうかと想像しながら10年以上過ごしました。そして、ついに念願が叶って銀座の画廊でコルヴィッツの本物の《犠牲》に出会うことが出来たのです。その作品をみたとき、私の想像してきた様々な考えは完全に吹き飛び、表面をなぞっただけの思いは「全部ゴミみたいなものだったな」と思いました。志願兵として出兵し、わずか18歳で戦死した息子ペーターへの母としての追悼と、コルヴィッツが10年以上もの歳月をかけて考え抜き制作されたこの作品は、私の想像とは全く違って実にシンプルな表現でした。

ケーテ・コルヴィッツ《犠牲》（佐喜眞美術館蔵）

作品では、子どもを産んだばかりの目をつぶった母親が、兵士がいくらでもほしい戦事中の国家に「産めよ、増やせよ」と強制的に誘導される声に抗うことができずに、目をつぶった子どもを差し出しています。しかし、母親の左手の肘は、拒否したい母の深層心理を表しているかのようです。後ろの大きな影のようなものは、デッサンの段階では、崩れ落ちる女性が連続写真のように描かれていました。死に向かっている母も子も生きながらにして死んでいくのです。「命」が無残に扱われる銃後の悲しみを表現しています。しかし、赤ちゃんと母親の頭上には神のご加護を示す大きな光の虹がかけられています。本来「あなたたち母と子は、神に祝福されるべき存在」なのだと、社会の巨大な誤りの渦中で苦しんでいる「母と子」をあるべき姿へと導こうとしています。

コルヴィッツは、死ぬ直前に姪にあてて次のような手紙を書き送りました。

「平和思想を単なる戦争反対の思想と考えてはいけません。平和思想とは、全人類を同胞と考える考え方です。人類は大変な犠牲を経て必ずこの地平に辿りつくでしょう。その時にはこの地上から一切の戦争は終わるでしょう。私はそのことを確信して死んでゆきます。」

彼女は、戦争で息子と孫を亡くし、ヒットラー政権下の厳しい弾圧のなかですべてを奪われた絶望のなかでこの言葉を書き綴りました。

地獄の地上戦であった沖縄戦を生き延びた人びとは、天皇のため、国のために死ぬことを強いた国体の大義にたいして、戦争が終わると「命どぅ宝（ヌチドゥタカラ）」を言い続けました。これは、「私の命　あなたの命　全人類の命」を中心に考えなければならないという思想です。沖縄は戦後一貫してその思想を語り継いできました。亡くなる直前に姪に託したコルヴィッツの言葉は、この沖縄の「命どぅ宝」の思想を明確に普遍化しています。沖縄の文化をさらに豊かにするものとして、私はケーテ・コルヴィッツのコレクションを続けています。

■儀間比呂志について

儀間比呂志《ぎまひろし》（1923―2017）は、那覇市に生まれ、18歳から約3年間、当時は日本統治下にあった「南洋群島」を放浪し、テニアン島では琉球古典舞踊の名手であり沖縄芝居の渡嘉敷守良座長の「球陽座」で下働きしながら、琉球舞踊や沖縄芝居を全部覚えてしまったといいます。芝居の巡業中に、元宮大工で美術家であり民俗学者であった土方久功から学んだ杉浦佐助と出会い、弟子入りして木彫の手ほどきを受けています。その後、徴兵検査のために沖縄に戻り海軍に入隊、神奈川県横須賀で敗戦を迎えました。

戦後の沖縄は米軍占領下にあったためすぐには帰れず、復員列車の終着点であった大阪で生活の基盤をつくりました。大阪では大阪市立美術研究所で油彩を学び、また長崎の原爆をテーマに制作を続けていた上野誠に1951年まで木版画を習っています。儀間の1950年代初期の油彩の作品は、メキシコ壁画運動の影響を受け、土着的な沖縄をテーマに「力強く負けない沖縄の精神」を表現した素晴らしい作品です。

その頃儀間は、絵画教室で教えていた大阪の子どもたちが、沖縄がどこにあるのかも知らないということに驚き、また大人たちは日本がサンフランシスコ講和条約で奄美、沖縄を切り離して独立したにもかかわらず、「沖縄の苦しみに全く無関心」という現実をどうしたらよいのかという社会問題にぶつかりました。そこで、儀間は「版画ならより多くの人の目にふれやすいし、安く販売できる」と版画に移行していきます。儀間が木版画をならった上野誠は、生涯にわたってケーテ・コルヴィッツを尊敬し、魯迅の木刻運動に参加していた青年たちとも親しく交流をした人であることを考えれば、上野と儀間が情熱をこめてコルヴィッツや魯迅について語り合ったであろうことは想像にかたくありません。儀間の「油彩から版画へ」の変更は、魯迅の「医学から文学へ、そして木刻運動へ」と似て、極めて現実的な問題解決と直結した選択を思わせます。

儀間は「私の故郷には自然を愛し、人を愛し、生きる者すべての命を大切にする心が今も脈打っている『命の大肯定』の沖縄の土着が私のテーマとなった」と述べています。そして、版画作品は「美しい琉球舞踊」や「美しく逞しく戦後を生きるウチナーンチュたち」、「民俗芸能に出てくる集団的エネルギー」などを多く制作しました。それは戦争で全てを失った沖縄のアイデンティティーを確認する作業であったと同時に、遠く離れた大阪から故郷沖縄を思う望郷の人だったからこそ、懐かしくも美しく「人びとの心の奥の大切なもの」を確認する作業だったのではないかと思っています。大江健三郎は、「(儀間の作品世界は) 沖縄の風土の悠久の表現であり、しかも人間の生涯にまったく短い期間しかない美しさの実に戦慄的な一瞬の表現でもある」と感嘆しています。子ども向けの絵本も数多く出していますが、その絵本には沖縄の文化の豊かさと明るさを日本中の子どもに伝えたいという儀間の熱い思いが伝わってくるようです。なかでも毎日出版文化賞を受賞した『ふなひき太郎』は出色の出来栄えです。

そんな儀間でしたが、沖縄県史の第9巻と10巻を読み、「私たちの味わったあの地獄図は、どんな小説にも映画にも描き表すことはできませんよ」という老女の証言に衝撃を受けて、沖縄戦をライフワークにすることを決意します。そして彼は、「この体験者たちの記憶の奥で激しく燃え続けている戦争への憎しみと怒りを私なりに版に刻み込もうと取材を開始したのが、1978年6月だった。島では戦没者の33回忌の法要が行われていた。(略) 追体験するために南部や中部のガマ (自然壕) にも入って奥深い暗闇のなかで死者たちの怨念のこもった声を聞いた。そしてデッサンし、彫刻刀を握った」と書いています。

私は1980年に大阪の画廊で開催された儀間比呂志展に東京から出かけて行きました。自分の版画作品について大阪弁でエネルギッシュに語ってくれた儀間さんの話はどんどん拡がって、琉球舞踊や沖縄芝居などまるで沖縄文化のエッセンスが儀間さんの身体の中から次々に湧き出てくる感じでした。その後、東京や大阪での個展が開催されるたびに出かけて行きましたが、いつも長年の友人のように大喜びで私を迎えてくれ、また挨拶もそこそこに沖縄の厳しい状況を語り、それに真正面から対峙しない沖縄の多くの表現者たちに対する怒りをぶつけて、「君はどう思うか?」と私に意見を求めてくるのが常でした。いつも勉強不足で、しどろもどろの応答しかできない私でしたが、儀間さんはそれでも温かい笑顔で話し続けるのでした。

1981年、儀間さんは戦後初めて大阪から帰省しました。その時彼がみた沖縄の変わりようは凄まじいものだったと語っています。「地肌を（艦砲射撃のため）全部はがされて赤土だらけの島。白々しいセメントの建物とジュラルミンと金網……人権は蹂躙され、言論も圧迫されている。その中で島の人たちは生きている。」（『やぽねしあ6号』「民衆の絵を掘り続けて」）ということです。また、新聞記者の「儀間さんにとって美とはなんですか?」という質問に、「（沖縄の現実に対する）人びとの深い悲しみや怒りと苦悩、そして抵抗は問題意識の共通性としては国際的なものである。それを民俗的なパターンとして明確に表現し訴えることは沖縄出身の作家にとって最高のテーマではないだろうか。私にとって美とは人びとに生きる勇気と生産力を感じさせるもの」と述べています。

老女の証言に、芸術家として真正面から応えたいと決意した儀間さんは、地元紙の「沖縄タイムス」、「琉球新報」の大阪支局へ週1回通って、1週間分の新聞を読み込み、研究者からもレクチャーを受け、沖縄への認識を深めていきました。そして沖縄戦を作品にする際には、ガマの暗闇の奥から聞こえてくる死者たちのかすかな声を感じ取りながら構想を練り上げ、ガマのなかで死んでいった多くの人びとの魂が儀間さんに描かしめたような多くの作品が生まれていきました。私は儀間さんのその創作態度に、沖縄を再び「戦場」にさせないという強い矜持を感じました。

《もうたくさんだ》（53・8×171・3㎝、1979年）という作品がありますが、背景には地上戦で殺された人びとの累々たる死体が横たわっています。その前に巨大なアンマー（母親）

儀間比呂志《もうたくさんだ》1979年（佐喜眞美術館蔵）

が目にいっぱいの涙を浮かべて、絵の前に立つ私を見つめています。「この現実を見てあなたはどうするのですか」と問いかけてくるのです。

私は3月16日のガザ停戦のテレビニュースで、パレスチナ人の少年が「もうたくさんだ」と訴える姿とこの作品が完全に重なり、「優れた芸術作品」というものが時空を超えて真実を伝えていくものだということを再確認しました。またそれは、沖縄の戦争とパレスチナの戦争がその本質においてつながっているということまで伝えてくるのです。

■《沖縄戦の図》と平和を伝える美術の力

ヒロシマで原爆を見てしまった画家、丸木位里・丸木俊の《原爆の図》は、日本国内ばかりでなく、1953―1970年の間に世界中を巡回しました。その巡回展は「核時代」のことを考えたい世界中の人びとからの注文に応じるためのものでした。それは感謝と絶賛を受ける一方で、「ヒロシマを忘れるなというのなら、我々にも忘れてもらっては困ることがある」と、各国で日本軍の残虐行為が突きつけられてきました。中国では「南京大虐殺をどう考えていますか」、アメリカでは「私の息子はパールハーバーで日本軍の奇襲攻撃で殺されたんだ」などの鋭い批判をあびる厳しい巡回の旅でもありました。

世界を歩きながら地上戦の醜悪さのなかに戦争悪の本質をみた二人は、戦後の日本人の戦争記憶では明治以来の大陸での「加害の記憶」を欠落させ、自らが国内で体験した「空襲被害」のみを戦争体験として継承してしまっていること、この記憶のあり方は危い。これでは日本はまた戦争することになるかもしれない。万一戦争でもしようものなら、日本の社会はもはや取り返しのつかないものになってしまうだろう。だから地上戦を体験した沖縄から学ぶ必要がある、と考えました。

位里さんは「沖縄はどう考えても今度の戦争で一番大変なことがおこっとる。原爆を描き、南京大虐殺を描き、アウシュビッツを描いたが、沖縄を描くことが一番戦争を描いたことになる」とおっしゃっています。

１９７８年に沖縄での「原爆の図展」のために

1983 年に那覇市首里で《沖縄戦の図》を制作する丸木夫妻（撮影：石川文洋）

初めて沖縄を訪れた丸木夫妻は、沖縄の人びとが過酷な沖縄戦の体験を昨日のことのように熱く語ることに驚き、沖縄の文化にぞっこん惚れ込んでしまいました。そして、3年をかけて沖縄の歴史・文化や沖縄戦に関連する本を160冊以上読み、研究者からのレクチャーも受けました。それ以来、お二人にとって沖縄が重要なテーマになりました。

1980年代に入り、沖縄戦を描くために十分な知識を持って毎年やってくると、「佐敷《さしき》」でも「首里《しゅり》」でも「久米島《くめじま》」でも「読谷《よみたん》」でもたくさんの人が二人の周りに集まり、自らの沖縄戦体験を証言し、モデルになって協力してくれました。

丸木俊さんは証言するおばあさんの似顔絵を描きながら耳を傾けました。すると、今まで誰にも話すことの出来なかったことにまで話が及び、本人がびっくりすることがよくあったと言います。人びとの体験のうえに丸木位里・丸木俊の哲学が加わり、6年の歳月をかけて次つぎに14作品が産まれていきました。沖縄の「命どぅ宝」の思想が可視化されて私たちの目の前に出現したのです。

丸木さんは大きな仕事に取り組む時は必ず絵本を書いています。《原爆の図》の時は『ひろしまのピカ』、《沖縄戦の図》の時は『おきなわ島のこえ』です。大切なことは次の世代にも伝言しておきたいという姿勢。そこに私は、丸木さんの歴史に対する責任と覚悟を感じるのですが、米兵をして「この世のすべての地獄を集めてもこんなに酷くはないだろう」と言わしめた沖縄戦が果たして「絵本」になるんだろうかと私はいぶかしく思っていました。『おきなわ島のこえ』を手に取って1ページ1ページゆっくり開いていきました。扉には竜宮城を思わせるような「美しい珊瑚の絵」から始まっていました。「人びとの歌や踊りや三線の音」まで聞こえてくるようです。

しかし、戦争が始まると小さい島には人間が逃げる場所はどこにもありません。日米両軍の激戦の間を、主人公であるつるちゃんとさぶろうは家族5人で逃げ惑うなか、お母さんが砲弾の直撃を受けてしまいます。自分が助からないとわかったお母さんは、「ワラビンチャー、ヒンギリヨー。ヌチドゥタカラ（子どもたちよ、逃げなさい。命こそ宝）」と、はっきりと叫びます。死の淵から全世界に向かって発せられた、「命どぅ宝」の叫びが心に響きます。丸木位里、丸木俊の優しい哲学が美しい物語を創り出しています。そして最後は空に舞う蝶の群れが描かれています。沖縄では人間はどんなに国家によって教育されても最後の最後には自分の一番大切なものが残る。その最後に残ったものが蝶になる。蝶が祈りの世界へいざなっていくのです。

同時期に創作された絵本『おきなわ島のこえ』と《沖縄戦の図》（全14部）は基本的に同じ構想によって創られています。

戦争は政治家が決定し、軍人が遂行します。そして民衆が塗炭の苦しみを味わうものですが、この巨大な《沖縄戦の図》には一人の政治家も一人の軍人も描いておりません（カラーグラビア参照）。描いてあるのは女性と子どもと老人です。子どもたちに戦争になったら逃げなさいという強いメッセージが送られます。沖縄戦ではこの小さな島に20万トンの爆弾が撃ち込まれましたので島の地形まで変わった、と言われています。その中を人間が逃げていくのですから、ほとんどの人はバラバラに吹き飛ばされて死んでいったのです。しかし丸木さんは人間の尊厳性を大事に体が吹き飛ばされる前の、生きていた体に「美しい着物」を着せています。

戦場を逃げ惑う人々の顔には、一番大切な瞳を描いていません。凄まじい爆撃での心神喪失を表しているのかもしれません。目が入っているのは中央の3人の子どもたちだけです。お兄ちゃんは背筋を伸ばして真すぐに正面を見ています。妹の身に着けている着物にはツバメの柄が描かれています。ツバメの柄には、生活の場が戦場となる地上戦を体験した沖縄の人びとの、地上戦を体験しなかった本土の人びとに伝えてほしいという願いが込められています。

3人の子どもたちのうしろには、「皇民化教育」の象徴として機能した「サクラの花」が描かれています。当時は、日本人が大好きなサクラの花を使って、天皇のために命を散らすことは、あのサクラの花が散るように美しいことですよ」と、戦死することを「散華」と美化しました。

丸木位里さんは、「戦後日本は多くのことを随分ごまかしてきた、私はそのことを全部描こうと思う」、とおっしゃったことがあります。

《沖縄戦の図》の右下の中国人の生首には、日本軍が大陸への侵略戦争で大変な残虐行為をしたことが象徴されています。久米島の痛恨の碑には、「天皇の軍隊」による久米島島民や久米島在朝鮮人の虐殺がハッキリと描かれています。日本軍は巨大な米軍を目の当たりにした時、その狂った刃を米軍ではなく住民に向けたのです。

アジアに侵略していった日本軍は、太平洋まで戦争を拡大させて、最後は完膚なきまでに敗北したのですが、その決定的な戦争が沖縄戦争でした。太平洋の島々で日本軍がとった玉砕戦法を制圧して沖縄にたどりついたアメリカ軍は、沖縄戦では最初から日本軍の死体を一人ひとり数えていったと言います。そして首里城の下に設けていた司令部に攻め込む段階では、日本軍の70％を超える6万3000人の死体を確認しています。しかしこの段階でも日本軍は降伏しないで、戦線を南部に移しました。沖縄では、県民を盾に日本軍は戦争を続けたとよく言われています。これをアメリカ軍から見た場合、降伏すべき時に降伏しない日本軍は狂っている、これは最後の1人まで殺さなければこの戦争は終わらない、と恐怖したのではないでしょうか。南部でのアメリカ軍の爆撃は凄まじいもので、地上の木も土も草もすべて吹き飛び、沖縄の島々は石灰岩丸出しで真っ白い大地になってしまいました。鍾乳洞（壕・ガマ）に隠れている人をいぶりだし焼き殺すために、アメリカ軍は火炎放射器を多用しました。「白と黒の世界」になったのです。こうした状況のもとでも、日本軍は住民を壕から追い出し、食料強奪なども頻繁に起こしました。

沖縄の南部では6月に入った3週間で、9万3000人の沖縄の住民が命を落としました。その地獄を生き延びた人びとは、様々な戦争の正義論を吹き飛ばし、「命どぅ宝」という思想に辿りつきました。その「命どぅ宝」（私の命、あなたの命、全人類の命を元に考えていこう）の思想を語り継いできたのがこの沖縄です。そして、そのことに大変喜んだ丸木位里・丸木俊が沖縄戦を徹底的に勉強して、可視化してくれたのがこの《沖縄戦の図》なのです。

現在沖縄の平和思想のもとには、この沖縄戦の体験があります。この沖縄戦の戦争体験を沖縄県民がより総合的により深く認識するならば、沖縄の平和思想はさらに根太いものになるでしょう。そして、地上戦を体験しなかった日本人もこの沖縄の地上戦からしっかり学んでほしいという、画家の願いが込められています。

丸木さんが沖縄に来て最も驚いたのは、本来生きなければいけない住民が集団で自殺していくという、あってはならないことが起こっていたことです。それに衝撃を受けた丸木位里、俊は徹底的に勉強しました。集団自決が起こったあちこちの現場を訪ね、ガマの中に入って構想を練り上げていきました。そして「集団自決とは手を下さない虐殺である」と言い切っています。この認識は、《沖縄戦の図》が描かれた１９８４年段階では最先端の認識でした。今日では「強制集団死」という言葉に代わり、これは強制されたものであるという認識が一般化しています。すなわち、日本国家による虐殺だと、国家を徹底的に批判しているのです。

右下には自画像を描き入れています。画家が絵の中に自分たちを描き入れる場合、描いている人たちと同じ立場に立ちます、ということを意味しています。

丸木位里さんは、「戦争は国家権力がやるが、国民はそれを止めなくちゃいけない、もしとめることが出来なかったら国民もろとも地獄に落ちるんじゃ」と、よくおっしゃっていました。このことは、丸木夫妻の実際の体験から出てきた言葉だと思います。

丸木位里さんは戦争中、新婚でしたが、その新婦の甥っ子が「昨日赤紙が来ました。明日軍隊に出ます」と最後の挨拶にきました。丸木さんはおそらく「兵隊にとられたからといって、必ずしも死なんでもいいんじゃよ、元気に帰っておいで」と言ったでしょう。翌朝その青年を起こしに行くと、彼は心臓に電線を巻いて自殺していたのです。軍隊に行って人殺しをするのはぜったい嫌だと考えた青年だったのでしょう。こういう青年が丸木さんの身内に２人いました。そして広島ですから、あの原子爆弾で父親をはじめ４人の親族を失いました。戦争の地獄を十二分に味わった方です。ですから、人が人を殺す戦争だけは絶対にやってはいけないということが、身にしみた信念になっていました。ですから丸木さんはこの絵に自画像を入れたんだと私は考えています。

それから絵の右上に、たくさんの風車が描かれています。そのたくさんの風車は、「たくさんたくさん死んでいった子どもたちのために描いたんです」と俊さんはおっしゃっていました。死んでいった人びとへの追悼の気持ちが表現されています。

《沖縄戦の図》全14部は『読谷三部作』で終わります。読谷村の青年たちが強烈に太鼓を打ち鳴らし、三線をかき鳴らして踊っています。絵の右側に両手を広げてすくっと立つのは、魯迅の愛読者である当時の山内村長です。小さな村あげて巨大な米軍と対峙し、村を占領していた米軍基地を、文化と歴史を武器に交渉し、少しずつ取り戻していった熱い地方自治の闘いとして、全国的にも知られた方です。

《沖縄戦の図》が描かれた80年代の沖縄では、全県あげての「島ぐるみ闘争」が盛んでした。そんな情勢のなかで丸木さんの沖縄への深い愛情と希望が託された絵《沖縄戦の図》全14部のシリーズは、完結したのです。

1994年11月23日に宜野湾市に佐喜眞美術館が開館し、《沖縄戦の図》（1984年、400×850㎝）が沖縄の地で展示されることになりました。そこには制作に協力した人たちが次々にやってきて、「私はここのモデルになりました」と指さしながら、丸木さんとの出会いや自らの沖縄戦の体験を詳しく話してくれました。50年前の体験をまるで昨日のことのように話す人びとの記憶の確かさに驚きました。そして、あの地獄の戦場を生き抜いた「私の想い」を絵にしてくれた丸木位里さん俊さんとの親しい交流をすばらしい思い出として語ってくれました。人びとは「戦争を2度とやってくれるな」「私の子や孫が戦争に巻き込まれることは絶対に許さない」という強い気持ちをこの画家に託したのでした。

製作に参加した人びとが「この絵は私たちの絵だ」と強く感じておられること、また、位里さん、俊さんはいつも「《沖縄戦の図》はみんなで描いた絵だ」と話しておられたことの重要性を、私はそのとき初めて深々と理解しました。戦争の全体をつかむためにはみんなで語ることが重要です。巨大な絵の前に立つと人びとは様々なことを思い出して、美術館のスタッフに話していきます。その話を聞いて、美術館のスタッフは育てられました。

なかでもおばあちゃんが孫にしみじみと戦争の話をしておられる後姿を見るにつけ、つくづく美術館をつくってよかったと思います。

また全国から、多くの小中学生、高校生が、修学旅行を兼ねて美術館を訪れます。私は、この《沖縄戦の図》を前に、これまで述べてきたようなことを、思いを込めて語り伝えてきました。その反応の幾つかをご紹介しましょう。

佐喜眞美術館は、2024年に開館30周年を迎えました。その間、巨大な《沖縄戦の図》の前で多くの方が、実に様々な感動を述べてくれました。

ある女子高校生は感想ノートに「私は今日の今日まで死ぬことしか考えてきませんでした。しかし沖縄戦の図を見て、明日から生きていけそうな感じがします」と書いてくれました。

韓国から来館された牧師さんは「この絵にはウソがないですね」とおっしゃっていました。

ベトナム戦争をテーマした映画『プラトーン』『7月4日に生まれて』でアカデミー賞を2度受賞したアメリカのオリバー・ストーン監督は2013年に来館された際に、

美術館を訪れた高校生に《沖縄戦の図》について語る佐喜眞館長

《沖縄戦の図》はベトナム戦争の息苦しさと重なります、と絵に見入っていました。

パレスチナのガザ地区で人権活動を続けている弁護士のラジ・スラーニさんは、《沖縄戦の図》の中央に描かれた3人の子どもを指さして、「これはガザの子どもと同じです」と言っていました。

沖縄の小学2年生の女の子は、慰霊の日にあわせて家族と来館して《沖縄戦の図》を見たときに感じたことを書いた詩に、「へいわをつかみたい　ずっとポケットにいれてもっておく　ぜったいおとさないように　なくさないように　わすれないように　こわいをしって、へいわがわかった」と誰の心にも伝わることばで綴ってくれました。

このような言葉に触れるたびに、また国内外の方々から「沖縄の地に、このような美術館があって本当によかった。つくってくださってありがとうございます」との言葉をいただくたびに、私はアートの根源的な力を実感するのです。「真実」は、人びとを正気に戻し、それは容易に国境をも越えていきます。

「アートで平和をつくる」ことは、小さな石を積み上げていくような地道な仕事ですが、これからも一歩いっぽ歩んでいこうと考えています。

第III部

戦争画のメッセージを感じ尽くそう

（安斎育郎）

立命館大学国際平和ミュージアム
入り口階段には「わだつみ像」がある（カバー裏参照）
無言館京都館「いのちの画室（アトリエ）」も併設されている

■毎朝のラジオ体操

毎日、朝起きてから夜寝るまで、私はいろいろな行動をとりますが、そこには大なり小なり、「価値判断」が伴っています。

私は１９４０年生まれで、もうすぐ85歳。もう3年もしたら米寿だという歳になって、ご近所衆と毎日地域の文化センターの前に集まってラジオ体操にとりくみ、その回数は４００回に近づきつつあります。加えて週2回はフォークダンスも踊っているのですが、幸運なことに、同じ町内に日本フォークダンス連盟京都支部の理事と連盟公認の指導員を務めるIさんご夫妻が住んでいて、ボランティア精神豊かに、優しく丁寧に東欧の曲を中心としたフォークダンスの世界に私たちをいざなってくれるのです。

今朝は寒いからラジオ体操はしんどいだろうなあという気分や、この歳になってヨタヨタとフォークダンスを踊るのはカッコ悪いかなあという思いもないわけではありませんが、そういう気分を別の価値判断が駆逐するのですね。同じ団地に住みながらとかくディスコミュニケーションに陥りやすい現代社会で、ご近所衆が毎朝ラジオ体操に集まると、その前後に本体のラジオ体操の時間よりも長い対話を楽しむ時間が生まれるのです。長年同じ団地に暮らしていながら、「となりは何をする人ぞ」という状態だったのが、すべての個別的事情の違いを超越したゆるやかな仲間意識が芽生え、そこに参加してコミュニケーションを楽しむことが「寒さ」や「カッコ悪さ」を超越した「価値あること」と感じるようになるのですね。しかも、とかく運動不足になりがちな日常の中で、坂道を上り下りして広場に通って毎日体操に参加することは、体力と気力の充実度のバロメーターでもあり、「健康寿命を維持するために好ましい」という価値判断も生まれます。

■福島原発のトリチウム水の海洋放出

東京電力の福島第一原発には、2011年3月11日の東日本大震災に付随して起きた事故の結果溶融した核燃料デブリが880トン（＝8億8000万グラム）溜まっていると伝えられています。これを取り出すための予備作業は何度もの失敗を経て、ようやく事故から13年目の2024年にロボットを使って0・7グラムの試料片を取り出すことに「成功」したようですが、仮に1日10,000グラム（＝10キログラム）取り出しても200年以上かかる計算になることの大仕事、事故後40年で廃炉にするという計画の非現実性は余りにも明らかに見えます。

この高放射能溶融核燃料デブリは強烈な発熱体なので、毎日100トン程の水で冷却していますが、冷却に使った水は当然汚染するので、〝ＡＬＰＳ〟と名づけられた多核種処理装置で大方の放射性物質を基準値以下にまで取り除き、どうしても取り除けない「トリチウム」（放射性３重水素）混じりの処理水をタンクに溜めてきました。トリチウムは普通の水素原子よりも３倍ほど重い水素原子で、２個の酸素原子と結びついて「水」の形で存在します。普通の水の中に放射能をもった水分子が混ざっているのがトリチウム水ですが、水から水を分離することは出来ないので、トリチウム水は、溜めておくことにしたものです。しかし、それももはや限界というので、経産省は省内の小委員会で検討し、海に放出することにしました。しかし、ここには福島県の水産・漁業関係者が推薦する科学者も、固形化処理など海洋放出以外の方法を提言している研究者も参加しておらず、「結論押しつけ型の非民主的措置」との批判を免れませんでした。

放出した処理水のリスクについて、経産省は、「国連の機関であり、原子力について高い専門性を持つＩＡＥＡ（国際原子力機関）も、ＡＬＰＳ処理水の海洋放出は〝国際安全基準に合致し、〝人及び環境に対する放射線影響は無視できるほどである〟と、包括報告書で結論付けている」と説明しています。「リスクは科学的に見て十分小さいから心配するに及ばない」という訳です。

ところが、人間は「科学的判断」だけで生きている訳ではありません。私が東京大学工学部原子力工学科で学んだのはもう60年余りも前のことですが、放射線の影響には「身体的影響」と「遺伝的影響」があり、低い被曝でもそれなりの確率で起こるがんなどの「確率的影響」と、ある限界線量以上浴びたときに起こる脱毛などの「非確率的影響」のパターンがあると説明されていました。しかし、あの東日本大震災に付随する津波の結果起きた２０１１年3月11日の原発事故以来、私は１００回以上福島を訪れて被災者支援に当たってきましたが、その立場からすると、放射線影響でもっと深刻なのは「心理的影響」と「社会的影響」です。

ある被災者は、水道水の汚染は検出限界以下であるという事実を知らされても、毎日洗濯や煮炊きには大量に買い込んだ2リットル入りのペットボトルの水を使っていました。「原発は安全だ」と騙されてきたと感じている被災者は、公的機関が発表した測定結果もそう易々とは信用せず、「放射能＝怖い＝だから避ける」という自分なりの心理的な価値判断を変えないのです。多少費用がかかっても、心の安寧を得ることの方に価値を見出しているのです。ちなみに、「放射線の社会的影響」とは、「この地域に住み続けると放射線を浴びるので」という理由で町ごと強制避難させられた人々が、それまでの人間関係や居住環境や医療・衛生環境を失って死を早めたり（災害関連死）、健康を損ねたりしたことを意味します。

日本政府の広報にもかかわらず、韓国や中国は日本からの水産加工品の輸入を禁止したり、制限したりしました。「実態として恐れるに足りないものを恐れるのは非科学的だ」などとアピールしてみても、そうした価値判断を変えることは出来ず、結果として大きな損失を被ることになりました。「他に食べ物がない訳じゃなく、何も日本の水産加工品は食べない方がいい」という価値判断は、科学的数値を示しただけで簡単に変わるようなものではありません。

鹿児島県熊毛郡南種子町の宝満神社には、ロケット関係者もお参りに来るといいます。純粋な科学・技術の論理から言えば、神社参りしたからといってロケットの打ち上げの確率が上がるということではないでしょうが、安寧を得るための心理的な鎮撫薬の役目があるのでしょう。私たちは、人が合理的判断だけで生きている訳ではないことを、日常生活でさまざまに体験しています。1966年の「丙午《ひのえうま》」の年、日本の出生率は顕著に減少しました。「丙午生まれの女は気が荒く、夫を不幸にする」という中国の占いと江戸時代の「八百屋お七」の物語に由来するこの都市伝説は、科学的には何の根拠もありませんが、科学が凌駕する現代社会でも立派に生き残っています。2026年は丙午ですが、さあ、どうでしょう？

■科学的命題と価値的命題

評論家の故・加藤周一さんは、かつて12年間にわたって立命館大学国際関係学部の客員教授を務め、毎月、講義のために京都を訪れていました。すると、「加藤周一さんを囲む会」が開かれて、夕食をともにしながら、あるいは二次会の居酒屋で加藤さんに手当たり次第の質問を投げかけるのですが、該博な知識に裏打ちされた加藤さんの時空の枠組みを超えた対応に参加者はびっくりしたり、納得したり、啓発されたりの連続という魅力的な会でした。

ある時、「正しい」とはどういうことかが問題になりました。加藤さんは「正しさには3つの種類がある」と答えました。

❶3＋5＝8
❷今日、京都は雨が降っている
❸アメリカが広島・長崎に原爆を投下したのは正しい

これらは、論理学的にはみなそれぞれが「命題」(proposition)と呼ばれるものですが、命題とは「私たちの判断を言語や数式で表したもので、真または偽という性質をもつもの」とされています。

❶の命題は「真」です。自然数の定義と「ペアノの公理系」を踏まえて、客観的にこの命題が正しいか、正しくないかを判定することができます。この命題が正しいかどうかは、価値観

には無関係です。どんな価値観をもっている人にとっても、この命題が「真」か「偽」かは客観的に判断されます。いわば、「絶対的正しさ」です。

❷の命題は、京都に実際に雨が降っていれば「真」ですが、晴れていれば「偽」ですね。いわば「状況依存型の命題」です。しかし、❶と同じように、この命題の真偽はこの命題を主張した人の価値観とは無関係で、事実と合致しているかどうかで決まります。科学は、この種の命題の真偽を判断するための営みです。一昔前の『広辞苑』には、「科学とは、世界と現象の一部を対象領域とする、経験的に論証できる系統的な合理的認識」と書かれていました。ある命題が「真」か「偽」かを、実際にその現象を起こしてみて確かめたり、過去の経験から得られた系統的で合理的な認識に基づいて考察したりすることによって客観的に確かめることが出来る命題を扱うのが科学だということでしょう。

だから、❶や❷の命題はまとめて「客観的命題」と名づけてもいいでしょう。ただし、客観的命題の真偽がいつでも簡単に判定できるかというと、そうとは限りません。例えば、数学の分野に「フェルマーの最終定理」という端的な定理があります。「nが3以上の自然数について、$x^n + y^n = z^n$を満たす（x, y, z）は存在しない」という定理ですが、この命題が正しいか正しくないかを証明するのに360年もかかりました。nが2の時は、ピタゴラスの定理そのもので、$3^2 + 4^2 = 5^2$のように解があるのですが、nが3以上になった途端に、この命題の真偽の判定は難渋を極めました。

また、「2025年1月1日時点で、インド洋にはクロミンククジラが423,500頭生息している」という命題の真偽も、確かに私の好み（価値観）で真偽を決めるような問題ではないものの、情報が不足していて判定できません。さらに、「紫式部は975年に生まれた」という命題も、過去の出来事として真偽は確定している筈ですが、今のところ信頼性のある情報が不足していて判定できません。したがって、客観的命題の真偽については情報不足などで判定不能のものもありますが、いずれにしても私の好み（価値観）で結論づける性質の命題ではありません。

一方、❸の命題は、「広島・長崎への原爆投下は太平洋戦争を終わらせるために役立った」と考えて原爆投下に価値を見出すか、「たった二つの古典的原爆が30数万人の命を奪い、生き残った被爆者から人間らしく生きることも、人間らしく死ぬことさえも奪った絶対悪の兵器だ」と考えて原爆投下の価値を全否定するか、人によって真偽の判定は異なるでしょう。「価値観依存型命題」と言ってもいいでしょうし、「主観的命題」と言ってもいいかもしれません。

もちろん、どちらの価値観をとるにしても、広島・長崎原爆がもたらした被害の現実についての客観的な情報が踏まえられるべきことは言うまでもありませんが、原爆投下に価値を見出す人々はキノコ雲の下で何が起きたのかに十分な目を向けなかったり、原爆がもたらした被害を過小評価したりしがちだと言われていますし、原爆投下の非人道性を主張する人々はそれに先立つ日本の侵略行為の非人道性に十分な関心を払っていないといった批判もありました。原爆の被害やそれに先立つ日本の加害行為についてそれなりに知った上でなお原爆投下をどう評価するかは、科学から一元的な答えが導かれるという性質のものではないでしょう。

もちろん、私たちは、重要な命題の真偽について議論するときには、その命題に関わる事実関係を出来るだけ正確に知り、共有しておくべきですし、議論の途上で知らなかった事実関係に出会った場合には、謙虚にその事実も考慮に入れて自分の判断に修正を加えるべきかどうか、真剣に検討しなければならないでしょう。意地や対抗意識や憎しみから、認めるべき事実を認めないで、ひたすら自己の正当化のために根拠のない屁理屈に走ったりすることは、もし真摯に対話しようという意思があるのなら避けなければなりません。

■何に価値を見出すのか？

私たちは、日々、遭遇する様々な命題の真偽を判断し、どう振舞うのが自分にとって価値あることなのか、時には習慣的にほとんど無意識のうちに、時には深刻に思い悩みながら行動を選び取っています。

朝食を食べるかどうかにそう思い悩むことはないし、テレビのニュースを見ることも新たな情報に接することに価値を見出して、ほとんど習慣的にスイッチを入れます。ラジオ体操に行くかどうかは、その日の気象条件や体調と相談して、行くか行かないか、行動を選び取ります。大枚3000円の本を買うとなると、果たしてそれだけの金額に見合うメリットがあるかどうか、ちょっと思い悩んだ上で価値判断をします。市長選挙の投票に行くかどうかといった場合には、「自分が行こうが行くまいが結果に違いはない」と考えてサボるか、「いや、自分が推す政治勢力が少しでも票を伸ばすことに意味がある」と考えて投票に行くか、判断するでしょう。

「ウクライナ戦争の早期停戦を求めてロシア大使館前で抗議デモをするんだけど、一緒に行かない？」と誘われたら、「この戦争はロシアによる国連憲章違反の一方的な侵略戦争だ」と確信している人は行くかもしれませんが、「いや、この戦争はウクライナのＮＡＴＯ加盟をテコにロシアを戦争に引きずり込んで疲弊させ、ヨーロッパ諸国のエネルギー資源のロシア依存をアメリカ依存に転換させて、アメリカ独り勝ち体制を作るためのアメリカの戦略戦争だ」と考える人は、「なにトンチンカンなこと言ってるの！」と不快感を示してデモには参加しないでしょう。

どう行動することに価値を見出すかは、突き付けられた命題の真偽を判断するに足る十分な知識を持っていればそれなりに判断もできましょうが、良く知らない問題は自分では判断できず、自分が信頼している○○さんもこう言っているからとか、公共放送の△△のニュース解説がこう言っていたからとかいうふうに、自分が信頼する他者の判断に委ねることも良くあります。こうした行動は「準拠」と呼ばれますね。

人はすべての問題に通暁している訳ではないので、私自身も、良く知らない命題について判断を求められ、行動を選択するように言われたら、とりあえず信頼している人の判断に準拠することもあります。しかし、自分が与えられた命題について真偽を判断するに足る知識を十分持ち合わせないで、浅薄な思い込みでいい加減な価値判断に基づく行動をとるのは、出来るだけ避けたいものです。

昨今伝えられる「闇バイト」による強盗殺人事件などを見るにつけ、自分がこういう行動をとったら自分の人生の先行きにどういう未来が予想されるか、現に起きている犯罪事例を見てよく考え、未来への想像力を働かせて、金欲しさの短慮に走らない判断が求められますね。そういう行動をとることが、自分の人生にとって本当に価値のあることなのか、それとも下手をすると人生を台無しにする負の価値をひっさげた魔手なのかを考える「ワンポイント立ち止まり思案」が不可欠です。そこをスルーしてしまうと、ベルトコンベアに乗るように闇の世界に引き込まれ、気づいた時には人生台無しということになりかねません。「闇バイト」のリクルーターは、「ちょい働きで大金を手にできる」という一つの価値を提示している訳ですが、提示された「価値」のその先にどんな「負の価値」が待ち受けているのか、暫時立ち止まってそれを考える余裕さえ持てない社会だとすれば、なんと悲しいことでしょう。

■戦争国家づくりを巡る価値判断の対立

社会にはいろいろな価値発信主体があります。テレビや新聞やインターネットでアピールされているお買い得商品情報や健康食品の宣伝は、「安い」「体にいい」という価値を発信して、購買意欲に訴えかけています。

いま問題になっている「年収１０３万円の壁」をめぐる国会での議論は、年収制限を改正することによって手取り収入を増やすという「プラスの価値」と、地方自治体の税収が減って住民サービスが低下する可能性があるという「マイナスの価値」のせめぎ合いでしたが、これは私たち自身が選び取るのではなく、主権者としての私たちが選んだ国会議員によって判断されます。

戦争についてはどうでしょうか？

最近、ソウル大学の南基正（ナム・ギジョン）教授と対談する機会がありましたが、同教授はウクライナ戦争について次のように述べました。

「日本の安全保障論者たちは、『国際法無視の先制攻撃の開始という明白な〝悪〟と、それに抵抗する明白な〝善〟の対立』がウクライナ戦争の特徴であり、そのような状況で（日本が）『戦争できない国』であってはならないと強調していた」

これは重大な警告ですね。言うまでもなく、右記の論では「悪＝侵略国ロシア」「善＝被侵略国ウクライナ」とする戦争観が前提とされていますが、こうした極めて単眼的なウクライナ戦争観に陥ると、南教授が示唆したように日本を「戦争ができる国」にしようとする勢力がここぞとばかりに増長します。実際、国家安全保障戦略の基本認識は、「力による一方的な現状変更及びその試みが恒常的に生起し、我が国周辺における軍備増強が急速に拡大している中、ロシアのウクライナ侵攻のような国際秩序の根幹を揺るがす深刻な事態を、東アジアで発生することは排除されない、という認識のもと、防衛力の抜本的強化を図っている」としています。そして、その後、内閣と国家安全保障会議は、安保三文書（国家安全保障戦略、国家防衛戦略、防衛力整備計画）を決定し、他国の領域内にあるミサイル発射拠点などを直接攻撃する「敵基地攻撃能力の保有」と、軍事費のＧＤＰ（国内総生産）２％への倍増という大軍拡路線を打ち出しました。「戦争ができる国」に踏み出したのです。

これに対して、あちこちから、安保三文書は日本の安全保障政策を実践面から大転換するものであり、憲法を踏みにじる「戦争国家づくり」を進める企てに外ならないと、大きな批判が起こりました。

「戦争国家づくり」の道か、それを阻止する道か。どちらが私たちにとって価値ある選択か——これは国の進路についての価値観が対立している中での重大な選択であり、おろそかには出来ません。私が懸念しているのは、この議論の背景には「ウクライナ戦争をどう見るか」という根本問題があることですが、やっかいなことに日本の政党や市民運動の大半は、ウクライナ戦争が始まる前の現代史を直視せずに、この戦争を「ロシアによる侵略戦争」と決めつけていることです。私はそうは見ておらず、前述したように、「ウクライナのＮＡＴＯ化を切り札にロシアを挑発して戦争に誘い込んで疲弊させ、ＮＡＴＯ諸国を対ロ制裁に巻き込んでエネルギーの対ロ依存を対米依存に転換させ、アメリカ独り勝ち体制づくりを企図したアメリカによる戦略戦争」と見ています。

深入りは避けますが、私はこの戦争は、２００８年にブカレストのＮＡＴＯ首脳会議でアメリカのブッシュ大統領がウクライナのＮＡＴＯ加盟を提案し、２００９年に発足したオバマ政権のもとでジョー・バイデン副大統領とヴィクトリア・ヌーランド国務次官補を中心に、選挙で公正に選ばれていたウクライナのヤヌコーヴィチ政権打倒を企て、50億ドルの巨費を投じて

２０１４年のユーロ・マイダン・クーデターでポロシェンコ親米傀儡政権をつくり、極右民族主義者集団（ネオナチ）を正規軍に編入してウクライナ東部ドンバス地方のロシア語話者に民族浄化まがいの軍事弾圧を加えた結果起こったものと確信しています。そういう見方からすれば、南教授が紹介した日本の安全保障論者たちのように、「国際法無視の先制攻撃の開始という明白な〝悪〟（ロシア）と、それに抵抗する明白な〝善〟（ウクライナ）の対立がウクライナ戦争の特徴だ」などという見方には陥らず、日本を「戦争が出来る国」にするなどという道は選ばれないでしょう。むしろ、日本が「同盟国」と恃《たの》んでいるアメリカの戦争政策に疑問の目を向けるのではないでしょうか。

※ウクライナ戦争の詳細な検討については、『安斎育郎のウクライナ戦争論』（１０８頁、フルカラー、図版満載、1冊３５０円、送料1～7冊レターパックライト：４３０円、８～10冊レターパックプラス：６００円、注文はjsanzai@yahoo.co.jp．へメールを。郵便番号、住所、氏名、冊数明記のこと）。ブチャの虐殺やキーウ（キエフ）小児病院爆撃など、ロシアのせいにされている事件がウクライナによるものであることなど、西欧報道のフェイク・ニュースを徹底的に暴いています。

だから、こうした戦争の道か平和の道かといった問題の背景には「事実をどう認識するか」

という問題があり、時として、ある特定の政治勢力が自らの戦争観に基づいて「戦争国家づくり」を価値として打ち出すという面があります。本書の本題に入る前に長々と述べましたが、要するに、❶命題の真偽の判定に当たっては、当該命題を偏りなく理解するための事実認識を徹底して突き詰めることが基本の基であること、❷政治は（あるいは、国家は）重大な価値発信主体であり、それはしばしば強制力を伴う点で非常に危険な役割を担うということ、です。

■価値発信主体としての宗教や文学や芸術

しかし、同時に、宗教や文学や芸術も価値発信主体としての役割を持っていることです。先に述べたように、科学は価値観に依存しない命題を扱う営みです。それがどんなにややこしい命題でも、科学が扱う命題の真偽は価値観に左右されません。

科学そのものからは価値観は生み出されません。例えば地球環境の実態について、科学は温暖化が徐々に進み、その結果として異常気象がもたらされていることを様々に証拠立てるでしょうが、「だから石炭の利用は制限されるべきだ」という道を選ぶか、アメリカのドナルド・トランプ大統領のように「掘って掘って掘りまくれ！」という道を選ぶかは価値観の選択の問題です。先に述べたとおり、政治は特定の価値観を国民に強制あるいは誘導する面があります。

宗教や文学や芸術は重要な価値発信主体であり、それ自身「科学的」である必要はありません。宗教ではしばしば神がかりの超自然的な力が信仰上の大事な役割を果たしますし、文学は別に現実に存在しない物語でも、作者が発信したい価値を魅力的に描くために自在に組み立てることが出来ます。もちろん、ドキュメンタリー部門とか伝記物など、それなりに検証された事実に基づく作品もありますが、それはむしろ記述的な科学に近いものです。芸術もまた、それが空想的なものであれ、抽象的なものであれ、作者が訴えたいものを自由に作品化することができます。絵画に例をとれば、描かれているものが具象的であろうが、抽象的であろうが、キュビスム的であろうが、浮世絵的であろうが、作者の価値の発信に都合がいい表現形式を自在に選ぶことが出来ます。そして、歴史的に見ても、例えばパブロ・ピカソの『ゲルニカ』のように、価値の発信の点で政治と比肩し、時には政治を凌駕するような発信力を持った作品も現れたのですね。

立命館大学国際平和ミュージアムには、「わだつみ像」があります（カバー裏の写真参照）。1943年、兵力不足から学生も太平洋戦争に動員され、多くの犠牲者を出しました。戦後、戦没学生の遺稿が『きけ　わだつみのこえ』として出版され、それを契機に結成された日本戦没学生記念会が彫刻家・本郷新に戦没学生記念像（わだつみ像）の制作を依頼しました。戦没学徒のなげきと怒りともだえを象徴するこの像は、紆余曲折を経て現在、立命館大学国際平和ミュージアムに展示されています。太平洋戦争開戦の記念日である12月8日前後に「わだつみ像」の前で「不戦のつどい」が開かれるようになり、立命館大学の伝統行事として今日まで続いています。

■ピカソの『ゲルニカ』

本名を「パブロ・ディエゴ・ホセ・フランシスコ・デ・パウラ・ファン・ネポムセーノ・マリア・デ・ロス・レメディオス・クリスピン・クリスピアーノ・デ・ラ・サンティシマ・トリニダード・ルイス・イ・ピカソ」(Pablo Diego José Francisco de Paula Juan Nepomuceno María de los Remedios Cipriano de la Santísima Trinidad Ruiz y Picasso) というこの画家は、明らかに絵画というものの革命者の一人ですね。ピカソのような自由奔放な生き方は私とは無縁ですが、私にとっては「これぞ芸術家」という画家です。ピカソは絵画というものの営みから宗教的、写実的、遠近法的、明暗法的、具象的などの一切の枠組みを取っ払いました。基本的には、対象を自在に分解して、形と色と大きさが組み立てる2次元表現をこれまた自在に再構成した人でしょうが、ピカソは抽象画家ではないですね。表現がキュビスムであったとしても、ピカソが描く対象は具象的です。

私は、若い頃、ユークリッド幾何学から非ユークリッド幾何学にジャンプしたとき、そしてまた、ニュートン力学からアインシュタインの相対性力学にジャンプしたとき、心が震える感動を覚えました。私は小学校の頃、野尻抱影著『天体と宇宙』（偕成社 科学文庫4 1953年）を読んで、例えば天王星の軌道のずれからニュートン力学に基づく計算で海王星が発見された物語などに感動して、「よし、科学者になろう」などと心中秘かに夢見ていた子どもでした。時間も空間も一様で、そこにニュートン力学に従って計算通り法則的に運行する天体があるという、とても古典的な宇宙観に浸っていましたが、それはそれで気持ち良かったですね。やがてアインシュタインの相対性理論を学んだとき、時間の進む速さは変化するし、空間はひん曲がるという話に驚いただけでなく、ニュートン力学をも包摂する余りにも美しい体系に心から感動しました。そのとき私は確かに物理学の古い殻から飛び出して新世界に飛び出しはしましたが、そこはそこで美しい法則が支配する世界でした。だから、ピカソ的自由の世界とは違います。

私は20年近くも「原爆忌全国俳句大会」の実行委員長を務めていました。応募作品は定型句もあれば自由律句もあります。俳句の世界では、伝統的な有季定型句は、それはそれで固有の魅力があります。わずか17文字しか許されない世界で5・7・5のリズムを刻み、しかも季語を詠み込むという「がんじがらめの中の自由」――これはとても魅力的な営みです。

しかし、俳句の世界でも、こうした有季定型の殻を打ち破る試みがなされ、よく知られているように、種田山頭火や尾崎放哉のような自由律俳句を詠む人が現れました。放哉の「咳をしても一人」や山頭火の「てふてふひらひらいらかをこえた」などは、私にも響くものがあります。原爆忌全国俳句大会で初めて入選した私の句は、「イェーメン人も武骨な鶴を折った 核は要らぬ」というものでした。しかし、自由であることはそう易しくはありません。いや、自由であることは、ある意味でとても不自由なことです。座標軸も設定されていない空間を舞台に自在に造形せよ、何でもいいから囚われずに表現してみろ——これは易しくありません。表現者も何の定規も持たず、そこから何かを感じ取ろうとする側にも既成の受容器が備えられていない。自由と勝手は、多分、違うのでしょうが、ピカソはずいぶん勝手な試みをしています。

1907年に描かれた『アヴィニョンの娘たち』は、娼婦宿の女たちを描いたものだなどということは知っている必要もないことですが、エジプトとイベリアとアフリカからオンライン・ショッピングで取り寄せたかのような多時代・多国籍の表現を取り入れ、突然そこで画面に「何これ?」というようなとても勝手な立体的平面表現を投げ入れます。やっぱりこの絵を見た画家たちは「何これ!?」と驚嘆したでしょうね。感受性の強い画家なら、「そうだったのか! 絵画芸術はこれでいいのだ」と感じたのではないでしょうか?

この様々な呪縛から解き放たれた表現者ピカソが、1937年に戦争に対する政治的抗議の意思を露わにし、人間の愚かさや哀しさといった普遍的な問題をテーマにして『ゲルニカ』という名の大作を描きました。ピカソにしては珍しいことです。『ゲルニカ』は1937年の作ですが、縦3・5メートル、横7・8メートルという巨大なキャンバスに描かれたモノクロームの作品です。

ピカソの故国スペインは、1936年から、人民戦線政府が率いる左派の共和国軍とフランコ将軍率いる右派の国民戦線軍の間で激しい内戦が起きていました。共和国軍の背後には旧ソ連が、国民戦線の背後にはドイツ、イタリアなどの外国勢がおり、戦闘に参戦していました。パリに住んでいたピカソは、スペインの首都マドリードにあるプラド美術館の名誉館長の任にありましたが、そのピカソに

『ゲルニカ』(ピカソ)

共和国政府からパリ万博に出品する作品の制作が依頼されました。パリ万博は、1937年5月25日から11月25日までフランスのパリで開催された国際博覧会で、第二次大戦前最後の博覧会でした。フランス、ドイツ、イタリア、ソ連、スペイン、日本、アメリカなど44ヶ国が参加し、185日間の会期中に3,000万人余りが入場した大博覧会でした。

当時、第一次世界大戦の敗北から急速に立ち直ったナチス（国民社会主義ドイツ労働者党）率いるドイツと、共産主義国のソビエト連邦（ソ連）がヨーロッパでの覇権を争っており、ドイツとソ連のパビリオンが向かい合って建っていたことは象徴的でした。その博覧会に、当時内戦中のスペインが、ピカソの『ゲルニカ』を出展したのです。共和国政府の支持者だったピカソはこの依頼を引き受けましたが、折も折、1937年4月26日にドイツ空軍がスペイン・バスク地方の古都ゲルニカに無差別爆撃を仕掛け、3時間の爆撃で1600人の命を奪いました。

これを知ったピカソは、この非人道的な行為を糾弾するために一気に45枚もの下絵を描き上げ、何回も描き替えながら、1ヶ月でこの大作『ゲルニカ』を描き上げ、パリ万博に出展しました。ピカソの意に反して、スペイン内戦はフランコ将軍の右派国民戦線が勝利して軍事独裁政権を誕生させたため、ピカソはスペインに戻ることはなく終生フランスで過ごしました。

この絵の完成当初はそれほど大きな関心を集めなかったようですが、やがて『ゲルニカ』はフランコ政権の残虐さを人々に知らせるための亡命共和国政府のプロパガンダとして利用され、欧米各地で巡回展示されて徐々に人々の注目を集めるようになりました。

1939年9月にはドイツによるポーランド侵攻によって第二次世界大戦が勃発したため、『ゲルニカ』はヨーロッパの地を離れて、「スペインに自由が戻るまで」という条件付きでニューヨーク近代美術館に貸与されました。『ゲルニカ』の返還交渉が始まったのはピカソが亡くなった2年後の1975年でしたが、首都マドリードで開催されたピカソの展覧会に右派が襲撃したり、議会を治安警備隊員が占拠したりするなど、スペインではその後も混乱が続いていました。それでも、1981年9月10日、「『ゲルニカ』には万全の警備体制を布く」というスペイン政府の約束で返還が決まりましたが、プラド美術館で展示された『ゲルニカ』は巨大な防弾ガラスに守られていました。防弾ガラスが撤去されたのは1995年になってからのことでした。

ピカソにこの作品の制作を依頼した共和国政府は、こうしたいかにもキュビスムによる象徴的な表現ではなく、フランコ政権に対する怒りと抵抗の心を燃え立たせるような具象的な作品を期待していたようなので、当初の評判はあまり芳しくありませんでしたし、左翼からは「政治性がない」とさえ批判されました。しかし、この作品は第二次世界大戦後、世界中から称賛を浴びるようになり、今や歴史上最も有名な反戦画になっています。

モノトーンの工業用ペンキで描かれた『ゲルニカ』には、いったい何が描かれているのでしょうか？　天井に裸電球のある家の中にぎっしり描かれているのは、空爆で被災した牛馬や母子や兵士や男女の阿鼻叫喚《あびきょうかん》の様子です。画家にとって重要な表現手段である「色」を、ピカソはあえて妙に落ち着いたセピア色の系統色に限定しました。その色調は珈琲色・紫檀・焦茶・鳶茶・蝦茶・江戸茶・錆色・梅染・豆殻茶・柴色・その他実に「多彩」です。昔、私は「万緑に万彩宿る尼の寺」と詠みましたが、「色とりどりの緑」が燃える初夏の山には、それこそ「万彩」を感じます。ピカソの『ゲルニカ』の茶色のヴァリエーションは実にバランスよく配色され、とんでもない悲惨なテーマを扱いながら、しっとりと訴えかける調和を保っています。ピカソがあえてセピア色を用いた背景には、ゲルニカ空爆を報じた新聞の白黒写真を見たときの衝撃や憂鬱があるとも言われています。

第二次世界大戦下、ナチスに占領されていたパリのピカソのもとに、秘密警察ゲシュタポの係官が訪ねて来て『ゲルニカ』の絵の写真を提示し、「これはあなたの手によるものか？」と尋ねると、ピカソは「いや、君たちのだ」と答えたという有名なエピソードが伝えられています。実は、『ゲルニカ』には、ピカソ自身が監修したタピストリーが世界に3点あるのですが、そのうちの1点は群馬県立近代美術館にあります（他の2点はフランスのウンターリンデン美術館）。そして、ニューヨークの国連にはこれらとは違うもう1点のタピストリーが展示されていたのですが、それはニューヨーク州知事や副大統領を務めたネルソン・ロックフェラーの依頼で、ピカソの監修のもと、フランスの職人が1955年に制作し、1985年以降国連に貸与されてきたものでした。ところが、この国連のタピストリーについて、『ゲルニカ』のもつ「政治性」を否応なく見せつけた事件が2003年に起こりました。

■国連の『ゲルニカ』タピストリー事件

アメリカのジョージ・W・ブッシュ政権で第65代国務長官を務めたジャマイカ系アメリカ人コリン・パウエル氏（1937〜2021）の時代に、その事件は起こりました。

2003年2月5日、パウエル国務長官は、国連安全保障理事会で幾つかの「証拠」を挙げながら「イラクは大量破壊兵器を保有している」と演説しました。そして、3月20日、アメリカが主体となり、イギリス、オーストラリア、ポーランドなどの「有志連合」によって、『イラクの自由作戦』と名づけられた侵攻作戦が展開されました。実は後に、イラクには大量破壊兵器もその開発計画もないことが明らかになり、この戦争の大義自体が虚偽に満ちたものだったことが判明したのですが、安全保障理事会でのパウエル国務長官の演説の際、国連本部に掲げられていたピカソの『ゲルニカ』のタペストリーが「暗幕で覆われる」という事件が起こったのです。パウエル氏の演説当日、いったい誰がタペストリーを暗幕で覆う行為を実行したのかは分かっていないのですが、暗幕をかけた人物はアメリカがイラクに軍隊を向けることの正当性を主張する演説に、反戦を訴える『ゲルニカ』はそぐわないと忖度したのかもしれません。

結局、このタペストリーは「ロックフェラー家の意向」で2021年2月に返却されることになり、国連から撤去されました。作家の原田マハさんは、この暗幕事件を題材に『暗幕のゲルニカ』（新潮社）という小説を書きましたが、インタビューで「『ゲルニカ』程メッセージ性が強くインパクトのある絵画を私は知らない。ピカソは決して反戦主義者、平和主義者ではない。けれども、ゲルニカはアート性が強いメッセージを持ち、政治や国を動かすこともありうると信じさせてくれる作品だ。美術が戦争を直接止められることはできないかもしれない。それは小説も同じ。けれど、止められるかもしれないと思い続けることが大事なのだ」と語っています。さあ、どうでしょうか。

この絵の前に立って、原田さん程のメッセージ性を感じない人も多いでしょう。みんながみんな同じ感じ方をすることなどあり得ないでしょうし、この絵の背景にある事情を知らなければ、心うちひしがれるような感情を惹起《じゃっき》されることもないかもしれません。ですから、この絵が発している不戦・非戦・反戦・抗戦のメッセージ性は誰でもが等しく感じるような普遍性は持っていないかもしれませんが、それは、作家の沢木耕太郎さんが『ゲルニカ』について、「壁一面に掲げられたその絵に向かい合って、心を動かされることがまったくない」(『キャパへの追走』(文春文庫)と言っていることでも明らかでしょう。沢木さんは、ピカソが『ゲルニカ』を描いた事情を振り捨ててこの作品に素直に向き合ったら、『ゲルニカ』は「単なる思わせぶりな断片の集合体と感じることだろう」とも言っています。

私はこの沢木さんの感じ方を見て、一つの体験を思い出しました。今から65年ほど前の東京都立両国高校時代、田中睦夫さんという英語教師の授業を受けていました。田中さんは日本におけるサマセット・モーム研究の第一人者で、その影響もあってか、私は大学時代にはキム・ノヴァク主演の映画『人間の絆』(Sommerset Maugham, "Of Human Bondage")を見たりしました。後に和洋女子大学英文科主任教授になった田中先生が、ある時、モームを奈良の東大寺に連れて行った時の話をしました。あの巨大な建造物の前に立ったモームに田中さんが東大寺の歴史について説明しようとすると、モームがそれを遮り、「説明はいい。これがいま私に何を訴えかけるかを私は感じ取りたいのだ」と言ったというのです。さて、どうでしょう。『ゲルニカ』も、画家やそれが描かれた事情と一体のものとして鑑賞したいものだと、私には思われるのですが。

絵画は価値の発信力を持つことは確かですが、政治のような価値観の強制力は持ちません。

発信された価値観が鑑賞者によって作者の意図通り、あるいは時には作者の意図をこえて受け止められるかどうかは、鑑賞者次第です。もちろん、ピカソのように作家自体が時代の寵児として光り輝けばその作家の作品の訴求力も一段と上がることは疑いありませんし、そこに作品誕生の物語も重なればいっそう訴える力が増すでしょう。『ゲルニカ』は、❶ピカソという革命的画家、❷彼がこの絵を描くに至った非人道に対する憤りの物語、そして、❸彼が描いた作品『ゲルニカ』のもつ力、の3つが合わさって不戦・非戦・反戦・抗戦の価値を発信する作品としての類稀な訴求力を獲得したのであり、社会的存在としての絵画とはそういうものでしょう。

ゲルニカ爆撃があった1937年、オランダのファン・ヘーレンという贋作画家が『エマオの食事』という作品を発表したのですが、フェルメールの真作が発見されたと騒がれて、ロッテルダムのボイマンス美術館に約470万ドルで購入されました。この年、ニューヨーク近代美術館が購入したピカソの『アヴィニョンの娘たち』は2万8000ドルでした。作家の著名度によって絵の「値打ち」が極端に変わる程、絵画は純粋な絵画的鑑賞の次元を超えた社会的存在になっています。沢木耕太郎さんのように、作品の評価から❶と❷を外して、❸だけの視点で鑑賞するのも鑑賞者の完全な自由ですが、現にピカソの『ゲルニカ』はそうした鑑賞者もあまたいる今日の人類社会で、戦争へと向かう道に立ちはだかる非戦・不戦・反戦・抗戦の価値の発信者として多くの人々に迎え入れられているのなら、それはそれで私自身の平和的価値観と同じベクトルをもつものとして歓迎したいと思います。

■陸軍に受け取りを拒まれた小早川秋聲の戦争画

戦争の非人道性を告発するような絵画は、ピカソの『ゲルニカ』がそうであったように、総じて戦争終了後ないし爆撃などの破壊行為が行われた後に描かれます。だから、新たな破壊を防ぐための力にはなり得ても、大抵は手ひどい非人道的行為が行われた後であるのが普通です。戦争の負の価値を発信するような作品は戦時下ではなかなか許されないでしょうし、それは戦争政策を推進している勢力によって抑圧されるでしょう。

戦争中に描かれた一枚の絵があります。闇に横たわる将校の遺体ですが、顔には仲間の名前が寄せ書きされた日の丸が被せられています。小早川秋聲が太平洋戦争終結1年前の1944年に描いた作品『國之楯』（151cm×208cm）です（カラーグラビア参照）。この絵を見た印象はなかなかに鮮烈です。国の楯となって戦った兵士の末路の姿ですが、顔の部分が日の丸の赤で覆われているのが、何だか血の海のように見えなくもありません。腕と足は太く、屈強な兵士像を思わせます。若い兵士というよりは、携えている軍刀の立派さから見ても、少尉か中尉クラスの40歳代くらいの指揮官という感じです。

小早川秋聲（1885〜1974）は、大正から昭和中期にかけて活躍した日本画家であり、この『國之楯』は秋聲の作として良く知られた作品です。秋聲は、1931年の満州事変後から1943年まで、関東軍参謀部陸軍省の委嘱により従軍画家となり、中国や東南アジアなどの戦地に派遣されて、軍の注文に応えて多くの戦争画を描きました。画家の従軍が本格化したのは、1937年の盧溝橋事件を発端とする日中戦争勃発後ですが、その意味では小早川秋聲の従軍は非常に早い事例でした。日中戦争を契機に大日本帝国国民の国威発揚を目的として日本文学報国会、大日本産業報国会、棋道報国会、大日本言論報国会、朝鮮文人報国会、日本野球報国会など「報国会」が続々組織されましたが、吉本興業が朝日新聞社と共同で兵士慰問のために結成した「わらわし隊」も、この頃、中国大陸に派遣された演芸慰問団でした。当時の帝国陸・海軍の戦闘機部隊の愛称「荒鷲隊」をもじって名づけられました。

小早川秋聲は、太平洋戦争が始まった1941年には、大阪朝日会館で、洋画側の代表・藤田嗣治とともに、従軍日本画家の代表として講演する機会を持っています。日本画壇の戦争画家として第一線で活躍していたことが分かります。

一般に戦争画は、当然と言えば当然ですが、戦意高揚の観点から、壮烈な戦闘場面や日本兵の果敢な活躍を描くことが多いのですが、秋聲の場合にはその種の作品よりも、戦場での兵士たちの苦労や兵士の死を悼む類の作品が見られます。この『國之楯』は、もともと天覧に供するために陸軍省から秋聲に依頼された作品でした。絵が完成した時、秋聲の京都のアトリエに駆けつけた第十六師団長とその部下たちは、この絵の前で思わず脱帽・敬礼し、搬出を手伝いに来た女性は絵の前で泣き崩れたというエピソードが伝えられています（神坂次郎・福富太郎・河田明久・丹尾安典『画家たちの「戦争」』、新潮社、2010年）。つまり、この絵には、祖国のために戦った兵士の死に対する追悼の気持ちや、命をかけて国に殉じた兵士に対する畏敬の念を鑑賞者の心に惹起する力があったということでしょう。しかし、指揮官の戦死を哀しくも美しく描いたこの絵は、見るものに厭戦《えんせん》感情をじんわりと湧き立たせる懸念も内包しており、結局陸軍省は最終的にこの作品の受け取りを拒否し、秋聲の手元に返却されました。

この絵を見て、自分もお国のために戦場に赴きたいと思う帝国国民がどれ程いるだろうか――陸軍省も秋聲の作品が発する戦時政策にとっての正負の価値に戸惑ったのでしょう。この作品は、京都霊山護国神社の所蔵ですが、秋聲の故郷にある日南町美術館（鳥取県日野郡）に寄託されています。秋聲の作品をめぐるこの顛末は、私に福島出身の映画監督・亀井文夫の作品『戦ふ兵隊』を想起させます。1937年に始まった日中戦争の下で、戦意高揚を目的として陸軍省報道部後援のもと東宝映画文化映画部が企画製作した記録映画ですが、「家を焼き払われた中国の子どもたち」や「夫の死も知らずに送られた妻の手紙を読む戦友」などが登場する、当時としては異色の映画でした。結局亀井の作品は内務省の検閲で「厭戦的」であるばかりか、「コミンテルンの指令による反戦的芸術」、「『戦ふ兵隊』どころか『疲れた兵隊』だ」などと曲解され、上映不許可となり、ネガは処分されました。その後、亀井は、治安維持法違反容疑で逮捕・投獄されて監督免許を剥奪されています。

　秋聲の作品『國之楯』には後日談があります。もともとは『軍神』という題名だったこの作品は、兵士の頭部の後ろには金色の円光が、そして、兵士の背中の後ろには桜の花弁が降り積もるよう描かれていました。しかし、秋聲は陸軍省からの返却後に背景を黒く塗りつぶして、タイトルも『大君之御楯』と改題し、後に『太平洋戦争名画集 続』（ノーベル書房、１９６８年）として刊行されるに際してはさらに一部に手を加え、題名を『國之楯』と改めて現在の状態になったのです。作品が辿ったこうした物語を聞くにつけ、戦中から戦後にかけてこの絵が発する価値観を「尽忠報国」から「追

『軍神』には、兵士の頭部の後ろには金色の円光が、背後に桜の花弁が降り積もるよう描かれていた。

悼・哀惜」に改変した画家自身の価値観の揺らぎがあったことが分かります。

秋聲には「戦争協力者」としての自覚がありました。1945年に日本が敗戦を迎えた時、秋聲は「戦犯」として捕らえられることを疑わなかったと言われています。そのような画家が描いたこの作品が軍部の価値の尺度から見れば「厭戦画」としての負の価値を発していると見做されたことは、何か興味深いものを感じます。

■藤田嗣治『アッツ島玉砕』

日本で戦争中に描かれた「厭戦画」のもうひとつの例は、藤田嗣治の『アッツ島玉砕』(1943年、グラビア参照) でしょう。小早川秋聲の『國之楯』の前年に描かれています。

日本は1941年12月8日のマレー半島上陸作戦と真珠湾攻撃によって太平洋戦争を開戦し、アメリカ・イギリスと戦争状態に入っていました。しかし、翌1942年の4月には本土がアメリカによる空襲(ドゥーリトル空襲)を受け、6月にはミッドウェー海戦で大敗北、形勢は一気に逆転して防戦一方に立たされました。広げるだけ広げた戦線を守ることが出来ないばかりか、1943年9月に定めた「絶対的国防圏」を守ることも危ぶまれる状況に直面していました。こうした切羽詰まった状況で、藤田の『アッツ島玉砕』は描かれました。画題は戦勝場面ではないばかりか、アッツ島守備隊が全滅した絶望的死闘を描いたものでした。

藤田は、1886年東京生まれ、父親は東京大学医学部卒の軍医で、後に森鴎外の後任として陸軍軍医総監になった人物でした。東京美術学校を卒業して2年後の1912年に結婚して新宿にアトリエを構えましたが、フランス留学を決意して翌1913年単身パリへ渡航、多くの芸術家と知己を結びました。貧苦の生活の後、徐々に藤田の作品は評価を得ましたが、とくに1922年の『寝室の裸婦キキ』と題する作品は「乳白色の肌」でセンセーションを巻き起こし、1925年にはフランスからレジオン・ドヌール勲章、ベルギーからレオポルド勲章を贈られるまでの著名人になりました。

大日本帝國が戦争継続のために必要不可欠と定めた「絶対的国防圏」

1933年に日本に帰国し、1936年に堀内君代と結婚して再びパリに戻りましたが、

1939年9月に第二次世界大戦が勃発し、翌1940年5月にはパリがナチス・ドイツ軍に占領されました。その直前に藤田はパリを離れて日本に帰国しましたが、すでに日本は1937年に日中戦争に突入していました。1941年の太平洋戦争が始まる時期に帰国した藤田は陸軍美術協会の理事長に就任し、戦争画の制作を手がけました。ノモンハン事件（1939年5月、モンゴル国境で起きた日本の関東軍とソ連軍の衝突）を題材にした『ハルハ河畔之戦闘』やアッツ島守備隊の全滅を題材にした『アッツ島玉砕』はこの時期に描かれたものです。

ピカソが『ゲルニカ』を描いた1937年には藤田はパリにいましたので、『ゲルニカ』の評判も聞いていたに違いないでしょう。『アッツ島玉砕』(193.5cmx259.5cm）は、『ゲルニカ』と同じように、茶系統のモノクローム な明暗織りなす作品です。 櫨茶、山吹色、黄朽葉色、桑染め、芥子色、黄金色など、これもまた一色にして多彩な表現です。宮下誠さんは『ゲルニカ―ピカソが描いた不安と予感』（光文社、2008）の中で、「岡本太郎は言うまでもなく、『アッツ島の玉砕』を描いた藤田嗣治にさえ『ゲルニカ』は残響しているように思われる」と書きましたが、私にもそんな気分があります。

※岡本太郎の『明日の神話』：渋谷駅と京王井の頭線渋谷駅の連絡通路に描かれた岡本太郎の横幅30メートルの巨大壁画は、ビキニ水爆被災事件をテーマにした反核の価値観をア

ピールする岡本の『ゲルニカ』と言っていいでしょう。

『アッツ島玉砕』は戦争画には相違ありませんが、死屍累々たるシーンを描いた玉砕画は『アッツ島玉砕』が初めてだと言われています。藤田の5人目の妻だった君代さんの証言によれば、完成した『アッツ島玉砕』を検分した陸軍担当者が絵の内容が戦争画として適切かどうか疑問視したため、1943年9月に上野の東京都美術館で開かれた「国民総力決戦美術展」の出品許可を得るのに手間取ったということです。この作品に戦争画としての適切性について疑念を抱いたのは陸軍だけでなく、版画家・洋画家であり美術評論家でもあった石井柏亭も、「このような絵画が士気の鼓舞や敵愾心を喚起し得るのか」と疑問視し、「皇軍将兵の忠勇を感じるよりも悪寒を覚えさせる恐れがある」と指摘、「遺族らに厭《いと》わしき連想を起こさせる恐れがある」とも主張しました。この作品からひたすら負のメッセージを受け取ったのですね。『アッツ島玉砕』のモチーフは日本軍の絶望的な状況下での死闘の姿であり、かえって国民の士気を低下させるのではないかという気分は不自然なものではないでしょう。

ところが、いざ公開してみると、『アッツ島玉砕』は多くの観衆の共感を呼びました。世間では1943年5月29日にアッツ島守備隊員が玉砕した後、兵士たちを称える報道が繰り返されていました。その最中に公開された『アッツ島玉砕』は、国民が遠い戦場の玉砕の情景を追体験するような効果をもたらしたとも言われます。戦没画学生慰霊美術館「無言館」の生みの親の一人である画家の野見山暁治さんは、「国民総力決戦美術展」会場で『アッツ島玉砕』の脇に作者の藤田が国民服姿で直立し、絵の前に置かれていた賽銭《さいせん》箱に賽銭が投じられるたびに深々とお辞儀していたと回想しています。このことは私も野見山さんから直接聞いたことがあります。

「国民総力決戦美術展」は好評だったため会期が延長されたほどで、その後、玉砕したアッツ島守備隊員の大多数が北海道や東北の出身だったため、北海道や東北で巡回展が開かれました。当時の『東奥日報』では、忍び泣きながらいつまでも立ち去ろうとせず、『アッツ島玉砕』を見続ける遺族の姿が報じられました。参観者からは、「憤激と敵撃滅の誓いを新たにした」とか、「このかたき撃たん(仇討たん)」と奮起した」などの感想が寄せられたということです。

藤田自身も、青森の巡回展会場では、『アッツ島玉砕』の前に跪いて、両手を合わせて祈っている参観者や、画中の人物に賽銭を捧げて供養していた老人たちの姿を見て、生まれて初めて自分の絵がこれほどまでに人々に感銘を与えていることに驚き、「この絵は数多く描いた画の中の最も会心の作」との自負を持ったと伝えられます。もちろん、戦時のことですから、藤田の作品を見て「戦争は嫌だ」という負のメッセージを受け取った参観者もいたに相違ないと思いますが、それらが報道で取り上げられることはありそうもありません。報道は時局を反映し、時に政治権力に従属します。

こうした様子を知るにつけ、絵画が結局どのような価値を発信することになるのかは、作者の意向とは独立して、鑑賞者がその時点で抱かされている心情や描かれている対象に対する鑑賞者の負い目や畏敬の念といったものが綯《な》い交ぜになって決まるもので、「仇討たん」と戦意を高揚させるか、「戦争は嫌だ」と厭戦気分を募らせるかは、一概には決めつけられないことが分かります。藤田の『アッツ島玉砕』は、戦意高揚画でもあり、厭戦画でもあり得たアンビバレントな存在だったのでしょう。あるいはこの絵は一種の宗教的意味を孕んだ殉教画でもあり、戦死者に対する慰霊碑または供養塔でもあったのではないかとも示唆されています。

■丸木位里・俊夫妻「沖縄戦の図」

日本の『ゲルニカ』とも言うべき作品群が丸木位里・俊夫妻の手で描かれ、南京虐殺や原爆や沖縄戦や水俣公害をテーマに、世界的にも珍しい共作絵画を通じて人権や平和の価値を発信してきました。もともと丸木位里さん（1901～1995）は水墨画家、俊さん（1912～2000）は油彩画家ですが、巨大な壁画の共作を通じて、重厚な存在感の作品群を生み出してきました。

『沖縄戦の図』は縦4メートル、幅8・5メートルの巨大な画面に家族や親類同士で命を絶ち合った「集団自決」や、追い詰められて血で染まった海に沈んでいく人々や、逃げ惑う女性や子どもたちが、チェロとコントラバスの奏でる重厚な旋律のように描かれています。私は常々「絵の大きさ」と訴求力との関係性に注目しており、『ゲルニカ』や丸木夫妻の人権画は、この大きさが訴求力の重要な要素の一つだと思っています。

沖縄県宜野湾市の普天間基地に、画びょうを突き刺したように建つ佐喜眞美術館には、若い人たちも含めて多くの来館者が全国から訪れ、巨大な絵と向き合って忌まわしい、しかし、確かにここで起きた戦争の現実と対峙し、人間とは何かについて思索を巡らしています。反戦画としての丸木夫妻の作品は国をこえて広く展示され、絵画を通じて非戦・不戦の価値観を広めるために貢献しましたが、それだけに日本を占領した連合国軍総司令部（ＧＨＱ）からは監視されていました。

『沖縄戦の図』については佐喜眞美術館館長の佐喜眞道夫さんが存分に展開されていますので、私が付け加えることは何もありませんが、この作品もまた『ゲルニカ』と同様、悲惨な殺し合いが起こった後に描かれたものであることに改めて触れておきたいと思います。私は、このような絵が再び描かれることを望みません。

こうした戦争の被害・加害の状況をそれらが起こる前に絵画として描くことは難しいでしょう。事実は小説より奇なりで、実際には思いも寄らなかった非人道的・反人権的な事態が起こります。人間の想像をこえてとんでもない事態が起こるのですね。だから、そうした事態が起こった後でなければ「リアリティのある非現実的情景」は描きようがありません。ピカソはゲルニカ空爆について新聞写真を見たでしょうが、絵の内容は想像力が生み出したものです。藤田嗣治の『アッツ島玉砕』も、画家の想像力で描かれたものです。それにもかかわらずあれだけの訴求力を持ち得たのは、まさに天才のなせる業でしょう。しかし、丸木夫妻の絵は違います。リアリティが違います。想像で描いたものでないだけに恐ろしさを訴える力が違います。画家の感性と表現力もさることながら、ウソでないことが作品の真実性を支える眼目に違いありません。

■おわりに

ピカソや小早川秋聲や藤田嗣治を通じて、絵画が価値発信主体であることを述べてきましたが、非人道的で残虐な行為が行われた後に私たちがそれを嘆いたり、恨んだり、悔んだりしたのでは遅いのです。私たちは未来にそのような非人道的事態が起こらないように、ピカソや丸木夫妻が描いたpost facto work（事後作品）から「非戦・不戦・反戦・抗戦こそが私たちの価値ある選択だ」という未来に向けてのメッセージ（価値観）を受け取り、次の非人道を防ぎとめるために最善を尽くさなければなりません。

そのためには、「一つの戦後は次の戦前だ」という危機意識をもつことが不可欠であり、それにはわれわれが生きている「いま」と「ここ」で何が起きているのかを蔑ろにしない、最も鋭敏なアンテナと情報解読能力が必要に相違ありません。それはもちろん画家だけの仕事ではなく、私を含む平和研究者やメディア人など、過不足なく真実に肉薄しようとする人々の熱情と努力にも依存するでしょう。つまり、未来に向かって好ましい平和的価値観を選び取るためには、その土台として徹底した事実認識の科学性が必須なのだという、科学者としてまるで「ふりだしに戻る」ような考えに導かれる

戦争と平和を考える立命館大学国際平和ミュージアム常設展示場
（立命館大学国際平和ミュージアムのWebサイトより）

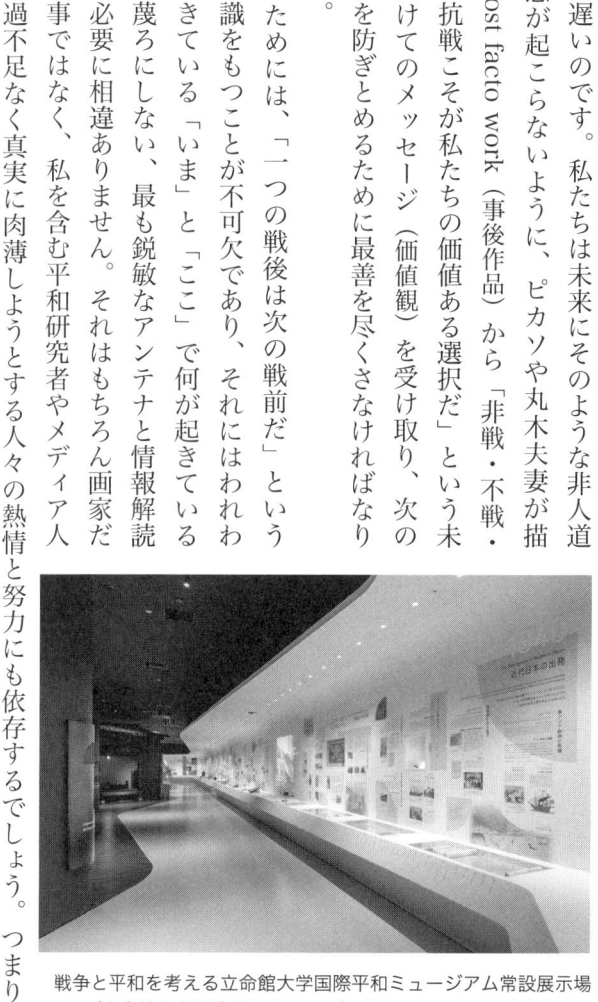

のですが、同時に、私たちは『ゲルニカ』や『沖縄戦の図』から徹底的に戦争の負の価値を感じ尽くし、非戦・不戦・反戦・抗戦の生き方を選び取る自らの意志を繰り返し踏み固める必要があると思うのです。

２０２４年、私は沖縄を訪れて、「台湾有事」が声高に叫ばれて戦争のための準備が着々と進められている状況を目の当たりにしました。ウクライナ戦争ロシア悪玉論、安保３法制、敵基地攻撃能力の整備、国民の税負担による防衛予算増……、そうした「防衛」の名における質・量両面の軍拡の動きが、実は東アジアの平和創造に日本が果たすべき役割を考える前提として看過すべきでない「国家の好戦的価値観の強制」に外ならず、沖縄県民の「鋭い危機意識」と本土に住む私たちの「あいまいな危機感」との温度差に改めて危うさを感じました。そして、その危うさの原点に、ウクライナ戦争を「ロシアの侵略戦争」と見るか「アメリカの戦略戦争」と見るかという事実認識の分かれ道があることを認識するにつけ、日本の政党や市民団体から疎んじられている拙著『ウクライナ戦争論』の重要性を再認識し、『ゲルニカ』や『沖縄戦の図』を繰り返さないためにも、平和研究者としての役割と責任の重さを痛感するのです。

結びに代えて（上間かな恵）

２０２４年のノーベル文学賞を受賞した韓国の韓江（ハン・ガン）さんの受賞記念講演「光と糸」のなかで、「過去が現在を助けている、死者が生きている者を救っている」ということばは私の心に沁みわたりました。

１９８０年の5月、独裁政権下だった当時の韓国で光州市民が民主化を求めて運動を起こし、国は軍隊で多くの市民を虐殺し制圧した「光州事件」が起こりました。光州で生まれ、9歳だった韓江さんの家族は、「光州事件」直前の１９８０年の1月に光州からソウルへ移りました。向き合えなかったこの事件を書こうと９００人の証言を読み、光州だけでなく繰り返される他の国家暴力による虐殺についての資料も読み続けていた頃に韓江さんが思い浮かべていた問いは、冒頭とは逆の「現在が過去を助けることはできるか？ 生者が死者を救うことはできるか？」だったそうです。

資料を読めば読むほど人間性への信頼が瓦解していくような思いにとらわれ、もうこの小説を書き続けられないと諦めかけたとき、ある若い夜学教師の日記に出会います。彼も軍部によって殺害されてしまうのですが、その最後の夜の日記には「神さま、なぜ私には良心があり、こんなにも私を突き刺し、痛みを与えるのでしょう？　私は生きたいのです。」と書かれていました。この文章に韓江さんは雷に打たれたような衝撃を受け、自分が書くべき小説の方向が示され、そして自分が立てていた問いは逆だったのだと気づかされます。死者が私たち生きているものを救っている。人間はなぜこれほどまでに残虐になれるのか。なぜ人間は良心を持ってあれほど圧倒的な暴力に真っ向から立ち向かうことができるのか。人間のもつこの残虐さと尊厳の間の存在不可能な道を進むためには死者の助けが必要なのだと。そして彼女の代表作『少年が来る』が生まれました。

この本の3人の著者も人間の底知れぬ残虐さと尊厳というとてつもない乖離の間を芸術という崇高な道でつなぎ、私たちに遺してくれた画家たちに人生を導かれてきました。窪島誠一郎さんは、村山槐多・松本竣介・靉光・野田英夫・野見山暁治・戦没画学生たち。佐喜眞道夫さんは、上野誠、ケーテ・コルヴィッツ、そして人生を大きく決定づけた丸木位里・丸木俊。安斎育郎さんは、ピカソ・小早川秋聲・藤田嗣治。安斎さんは、絵画はピカソの《ゲルニカ》のように時に政治を凌駕し、平和への指針となるような人間への「価値発信主体」なのだと述べています。

佐喜眞さんの人生を変えた丸木夫妻の《沖縄戦の図》の前に私も毎日立ち、説明をしていますが、私も死者に生かされ、救われているのだと年月を重ねるごとに強く感じるのです。また、窪島さんは人間の自己表現、芸術の最も尊い目的は人間への愛なのだ、と60年にわたり芸術に支えられ生かされてきた自らの人生を振り返り揺るぎない答えを実感されています。

愛はどこにある？
ときどき脈打つ私の胸の中に。
愛って何なの？
私たちの胸と胸をつなぐ金の糸だよ。

この詩は韓江さんが8歳の時に書いた詩ですが、8歳の韓江さんのことばはいまも彼女とつながり根源的な支えとなっているのだと語っていました。

芸術は国を、過去を、時空を超えて今を生きる私たちに無限につながる金の糸を発見させてくれます。その糸が結ばれる先には、暴力や戦争はありません。本書を手にされた方が福島、長野、京都、沖縄の館を訪れ、つなげ、平和を求める私たちの胸から胸へ金の糸が世界を覆いつくしていく日を想像し、その実現を願ってやみません。

手ごわい3人から次世代へつなぐ真摯な言葉を忍耐強い愛をもって引き出してくださったか

もがわ出版の三井隆典さんに心より感謝申し上げます。

２９２５年１月　ガザ「停戦合意」の報を聞きながら

※韓江さんのスピーチは「白水社 web マガジン　ふらんす」「ハン・ガン　ノーベル文学賞受賞記念講演『光と糸』（翻訳：斎藤真理子）」を参考にしました。

本書をアートを愛するあなたに贈ります

版文化功労賞)、『父への手紙』(筑摩書房)、『戦没画家 靉光の生涯』(新日本出版社)、『無言館はなぜつくられたのか』(野見山暁治との共著、かもがわ出版)』を始め、太平洋戦争に出征した画学生や夭折した画家の生涯を追った著作、父との再会や晩年を語る100冊余りの著作で知られる。

佐喜眞道夫(さきま・みちお)

1946年、熊本県甲佐町生まれ。立正大学大学院文学研究科史学専攻を修了。鍼灸院を開業(千葉・東京)するとともに、上野誠、ケーテ・コルヴィッツ、ジョルジュ・ルオー等のコレクションを始める。『沖縄戦の図』を丸木夫妻から託され、1994年に佐喜眞美術館を開館(沖縄・宜野湾市)。第33回琉球新報活動賞、第64回タイムス賞を受賞。著書に『アートで平和をつくる』(岩波ブックレット)、映画『丸木位里 丸木俊 沖縄戦の図 全14部』の製作にあたった。

上間かな恵(うえま・かなえ)

1965年生まれ。沖縄県那覇市出身。佐喜眞美術館学芸員。共著に『残傷の音「アジア・政治・アート」の未来へ』(岩波書店、2009年)、『時代を聞く 沖縄・水俣・四日市・新潟・福島』(せりか書房、2012年)、『佐喜眞美術館で考える 戦争と平和、命どぅ宝 絵画が伝える力』(たびせん・つなぐ、2024年)。

プロフィール

安斎育郎（あんざい・いくろう）

1940年、東京生まれ。東京大学大学院工学系研究科原子力工学専攻課程修了、工学博士。立命館大学名誉教授、安斎科学・平和事務所所長。1995年から立命館大学国際平和ミュージアム館長を務め、現在終身名誉館長。「平和のための博物館国際ネットワーク」名誉ジェネラル・コーディネーター、ヒロシマ・ナガサキ・ビキニ・フクシマ伝言館館長。ベトナム政府より文化情報事業功労者記章、韓国のノグンリ国際平和財団より第4回人権賞、日本平和学会第4回平和賞、ウィーン・ユネスコ・クラブ地球市民賞を受賞。『シリーズ戦争語りつごうヒロシマ・ナガサキ』（新日本出版）『戦争と科学者－知的探求心と非人道性との葛藤』（かもがわ出版）など、放射能、原子力、核軍縮、平和、環境問題、批判的思考に関する100冊以上の著書がある。

窪島誠一郎（くぼしま・せいいちろう）

1941年、東京生まれ、父親は小説家の水上勉。作家、戦没画学生慰霊美術館「無言館」、「残照館」館主。無言館の活動により第53回菊池寛賞受賞。平和活動への貢献により第1回「澄和《とわ》」フューチュアリスト賞受賞。『「無言館」ものがたり』（講談社、サンケイ児童出版文化賞）、『鼎と槐多』（信濃毎日新聞社、地方出

安斎育郎（あんざい・いくろう）
立命館大学国際平和ミュージアム終身名誉館長
窪島誠一郎（くぼしま・せいいちろう）
戦没画学生慰霊美術館「無言館」、「残照館」館主
佐喜眞道夫（さきま・みちお）
佐喜眞美術館館長
上間かな恵（うえま・かなえ）
佐喜眞美術館学芸員

装　丁　加門 啓子（かもん・けいこ）

深読み Now ⑮
戦争と美術
——戦後 *80* 年、若者たちに伝えたい

2025 年 4 月 1 日　第 1 刷発行

著　者　© 安斎育郎／窪島誠一郎／佐喜眞道夫
発行者　田村太郎
発行所　株式会社かもがわ出版
〒 602-8119　京都市上京区堀川通出水西入
TEL075-432-2868　FAX075-432-2869
振替 01010-5-12436
ホームページ https://www.kamogawa.co.jp
印　刷　シナノ書籍印刷株式会社

ISBN 978-4-7803-1367-3　C0095

戦争と科学者
――知的探究心と非人道性の葛藤

安斎育郎

四六判、144 頁

定価 1760 円（税込）

無言館はなぜつくられたのか《新装版》

野見山暁治／窪島誠一郎

四六判、222 頁

定価 2200 円（税込）

私の反原発人生と
――福島プロジェクトの足跡

安斎育郎

四六判、200 頁

定価 1980 円（税込）

無言館の庭から 正・続

窪島誠一郎

正・続各　四六判、208 頁、

定価 1980 円（税込）

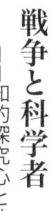

深読みNowシリーズ　既刊本

① **愛の讃歌としての経済**
浜 矩子　46判、176頁、1600円＋税

② **難民鎖国ニッポン**
——ウィシュマさん事件と入管の闇
志葉 玲　46判、152頁、1600円＋税

③ **戦争と科学者**
——知的探究心と非人道性との葛藤
安斎育郎　46判、144頁、1600円＋税

④ **南西諸島を自衛隊ミサイル基地化**
——対中国、日米共同作戦計画
土岐直彦　168頁、1600円＋税

⑤ **平和を創る道の探求**
——ウクライナ危機の「糾弾」「制裁」を超えて
孫崎 享　46判、168頁、1600円＋税

⑥ **新しい労働世界とジェンダー平等**
浅倉むつ子　46判、184頁、1700円＋税

⑦ **「新しい資本主義」の真実**
—日米における新自由主義経済政策の歴史と転換
萩原伸次郎　46判、168頁、1600円＋税

⑧ **日本人「慰安婦」を忘れない**
——ジェンダー平等社会めざして
吉川春子　46判、182頁、1700円＋税

⑨ **若者とともに**
——地域をつくる 学校を変える 社会・政治を変える
宮下与兵衛　46判、200頁、1800円＋税

⑩ **縁辺労働に分け入る**
——フランシスコ教皇の警告
浜矩子、雨宮処凛、清水直子 46判、190頁、1700円＋税

⑪ **高校生からわかる日本経済**
——なぜ日本はどんどん貧しくなるの
金子勝　46判、172頁、1700円＋税

⑫ **イスラエル、ウクライナ、アフガン戦地ルポ**
——憲法9条の国から平和と和解への道を探る
西谷文和　46判、152頁、1600円＋税

⑬ **地域をつむぐ、いのちの連鎖**
——連載「医のふるさと」より
色平哲郎　46判、184頁、1800円＋税

⑭ **戦争を回避する「新しい外交」を切り拓く**
——10年間の実績を踏まえて
猿田佐世、巖谷陽次郎　46判、168頁、1700円＋税